三自教育

蒋厚文 叶素华 夏锐敏 著

哈尔滨出版社

图书在版编目（CIP）数据

三自教育/蒋厚文,叶素华,夏锐敏著. — 哈尔滨：
哈尔滨出版社,2023.1
ISBN 978-7-5484-7062-5

Ⅰ.①三… Ⅱ.①蒋…②叶…③夏… Ⅲ.①学校教育-研究 Ⅳ.①G4

中国国家版本馆CIP数据核字(2023)第023576号

书　　名：三自教育
　　　　　SAN ZI JIAOYU

作　　者：蒋厚文　叶素华　夏锐敏　著
责任编辑：杨湜新
封面设计：树上微出版

出版发行：哈尔滨出版社（Harbin Publishing House）
社　　址：哈尔滨市香坊区泰山路82-9号　　邮编：150090
经　　销：全国新华书店
印　　刷：武汉市籍缘印刷厂
网　　址：www.hrbcbs.com
E-mail：hrbcbs@yeah.net
编辑版权热线：（0451）87900271　87900272

开　　本：710mm×1000mm　1/16　印张：16　字数：221千字
版　　次：2023年1月第1版
印　　次：2023年1月第1次印刷
书　　号：ISBN 978-7-5484-7062-5
定　　价：68.00元

凡购本社图书发现印装错误，请与本社印制部联系调换。
服务热线：（0451）87900279

序

教育的本质是什么？什么样的教育才是适合学生终身发展的教育？新形势下城乡接合部学校的育人之路又该何去何从？带着这些思考，结合多年的教育教学及学校管理经验，我们开始了三自教育的实践探究之路。

三自教育即学生"品行自治、学习自主、生活自理"的教育，是关键在一个"自"字的教育，是重在发挥教育主体内驱力的教育。我们认为：不论在哪个时代，教育的根本目的都是立德树人，教育的本质都是促进人的发展。而人的发展最重要的是来自于人内部的自我觉醒、自我革新和自我提升，即自主的教育。著名教育家顾明远先生在1981年就提出"学生既是教育的对象，又是教育的主体"，只有充分发挥教育主体的主动性、积极性，教育才能充满活力而行之有效。当前，随着社会经济与教育科技的迅猛发展，自主教育理念正不断深入人心，自主教育已成为当今世界基础教育发展的主流方向。而我们的三自教育，正是在自主教育理念引领下，立足学生主体发展，着眼学生核心素养，着力学生的品德、学习、生活三个维度，以培养学生终身发展的必要品格和关键能力为旨要的教育实践研究。

本书结合我校三自教育科研课题的研究成果，从我校的自主教育研究理论，学生品行自治的实践研究及成果，学生学习自主的实践研究及成果，学生生活自理的实践研究及成果，教师的自主教育策略、路径及意义，三自教育成果的应用和推广，三自教育教研的相关论文等七个方面做了较为系统而详细的阐释，提炼了我校在三自教育研究中总结出的育人模式和成果经验，对自主教育在学校如何落地生根、校本实施提供了较为实用的范例。本书集合了我多年自主教育研究的经验所得，无论从理论架构上、实际操作上，成果借鉴上都有很强的科学性、操作性与实用性。书中案例丰富、内容翔实、语言通俗，是一部原汁原味的基层教育工作者教育实践研究和成果的辑录。

在此书成书过程中，得到李太荣先生的大力指导和帮助，在此深表感谢！同时感谢成书过程中，所有给予我们帮助的教育同人们！

目 录

第一章　自主教育扬起师生自主成长的风帆……………………… 1
　第一节　自主教育概述…………………………………………… 2
　第二节　自主教育的校本研究…………………………………… 9
　第三节　学校自主文化解读……………………………………… 15

第二章　品行自治实现了学生自主发展的创造力……………… 25
　第一节　自主管理概述…………………………………………… 26
　第二节　自主管理机制的建构…………………………………… 32
　第三节　学生自主管理实践……………………………………… 49

第三章　学习自主提高了学生自主发展的学习力……………… 63
　第一节　自主学习概述…………………………………………… 64
　第二节　自主学习的实施………………………………………… 74
　第三节　学生自主评价…………………………………………… 106
　第四节　自主学习的实践意义…………………………………… 120

第四章　生活自理实现了学生自主发展的自律力……………… 121
　第一节　学生生活自理能力的现状及成因……………………… 122
　第二节　学生习惯养成教育……………………………………… 124
　第三节　家校共育策略…………………………………………… 129

第五章　教师自主发展促进教师专业化成长…………………… 147
　第一节　教师自主发展概述……………………………………… 148

第二节　师德奠基教师自主发展 159
第三节　教师培养策略 174

第六章　自主教育成果应用及推广
第一节　成果应用及效果 184
第二节　成果的影响 187
第三节　成果的创新点 188

第七章　自主教育论文选编 189
心理效应与班主任德育工作 190
采一体两翼模式促有为教育建设
　　——义务教育学校特色发展案例分析 193
探究信息技术与语文自主课堂教学的高效整合 196
浅析李清照的词风 199
游戏在初中团体心理辅导中的有效应用 204
城乡接合部学校德育管理创新模式探究 208
浅议区县城郊学校班级管理策略 214
作文评语中的情感引导 218
建构初中语文小组有效合作学习模式
　　——以《老王》的教学为例 224
谈谈小学语文教学中的自主读 228
浅议初一新生的管理策略 231
浅谈初中班主任工作管理
　　——心与心交流，共创人文和谐 235
习汉字　传文韵
　　——如何提升小学语文识字教学的有效性 239
小学语文课堂学生自主学习能力培养初探 242
注重信息技术教学细节提升信息素养 245

后记 248

第一章

自主教育
扬起师生自主成长的风帆

  自主教育是培养教育者自信、自立、自强、自律精神，促进其身心俱健的全人教育；是培养受教育者的主体意识和学习能力，促进其主动发展的终身教育。自主教育实现的是受教育者和教育者的合一，使教育的对象成为主体，由于自身掌握了主动权，个人将在发展的过程中拥有无穷的力量和智慧。我校致力于自主教育的发展就是要让每一位师生都享受到可以自主发展的幸福生活，而其中的学生"品行自治、学习自主、生活自理"的校本实施路径和策略是为每一位北中学子的有为人生的奠基。

三 自 教 育

第一节 自主教育概述

自主教育的内容是开发受教育者的体能和智能并完善其人格。自主教育的原则是以人为本，对受教育者无条件积极关注，实现其主动发展。

一、自主教育理论的历史渊源

对于自主教育的历史渊源，古往今来，许多思想家和教育家都从不同的角度、不同的意义上提出过自主教育的不同主张。

在国外，卢梭主张"培养自然人"，自然人的特点就是自爱、自立、自主；苏霍姆林斯基指出，能促进自我教育的教育，才是真正的教育；柏拉图主张教只能给予推动，使学生自己去找到必须认识的东西；奥古斯汀在《统治篇》中把教学改写为对学习者自己认识的助产。

在国内，早在两千多年前，大教育家孔子就提出了"因材施教"、启发诱导和学习结合的自主教育思想。著名教育家陶行知强调了"主动求和"，叶圣陶认为"教是为了不教"；郭沫若也说过，教育的目的就是养成学生自己学习、自由研究。但我国教育中对自主教育的研究真正开始于20世纪80年代，陶祖伟在《人民教育》(85年第10期)的《要加强自主性教育》中提出，转变看守式的教育和管理，代之以自主性的教育。进入90年代后，学界对自主教育的研究开始增多，但内容主要集中在学生的学习上，如陆根书教授就把自主学习界定为主动地、有见地的学习。随着教育改革的不断深化，特别是在20世纪末"主体性"教育理论的广泛传播与普及"自主教育"在国内得到较快推广与实践。

人们向学生传授知识、传授理论的和实际的知识能够做到和应该做的一切是帮助学生去理解知识的意义，使其自己获得对知识和世界的认识。教育者要向学生传授态度和能力，可以提出建议和鼓励，但是不能剥夺学生自己的正确思想和努力。教育者不能强制学生理解，也不能强制学生去创造。

二、自主教育的含义

（一）自主教育的内涵

自主教育是培养教育者自信、自立、自强、自律精神，促进其身心俱健的全人教育；是培养受教育者的主体意识和学习能力，促进其主动发展的终身教育；是实现受教育者和教育者的合一，使教育的对象成为主体的教育。由于掌握了自身主动权，个人将在发展的过程中拥有无穷的力量和智慧。

（二）自主教育的目的

自主教育推崇的是对人生意义和对理想的追求，反对盲目的信仰和崇拜权威，强调自主性，重视科学知识。在实际的自主教育过程中，重视个体个性的发展，德智体美并重，反对"分数决定论""成绩决定论"。

自主教育的目的是要造就具备适应时代发展的有竞争力的、具有良好的综合素质和个性的人。因此，知识的积累并不是最重要的，重要的是能力的培养和人格的塑造。

（三）自主教育的主客体

自主教育的主体是受教育者，他们是教育过程的主动方，需要通过教育学习并掌握某些知识或技能的人。自主教育的主体可以是任何学习者。

自主教育的客体是起辅助作用的教育者，在学校为老师，在家庭为家长，他们是具有一定知识和知识传授能力的人。

三 自 教 育

值得我们注意的是，自主教育中的主客体并非固定不变的。也就是说，并非教育者一直都是教育者，受教育者永远都是受教育者。在前期，父母与老师是客体，到了自主教育的后期，受教育者已经掌握了自主教育的方法并将之应用到自己的学习生活中后，受教育者（自主教育的主体）就发生了转变，变为了自主教育的客体。这时，受教育者既是主体也是客体，教育行为自身化了。

（四）自主教育的内容

一个人从平凡走向成功的关键在于超强的能力和完善的人格。自主教育正是紧紧抓住了这两点，挖掘孩子身上的潜能，培养孩子良好的性情和高尚的品德。

1. 培养性情

一个人的性情主要指自信、自律、执着、理性、责任感、乐观和冷静，具有良好的性情比智能更重要。

①自信。自信是个人对自身能力的信任，是一个人性格的核心。成人对孩子期望过高、保护过度、管制过严，特别是负面评价过多，会影响孩子的自我评价，挫伤孩子的自尊心和自信心。一个缺乏自信的人，很难建立良好和谐的人际关系，不但在学习和工作上难以取得成功，在生活上也难有幸福感。

②自律。自律是自我约束和自我控制的能力。一个成功的人是可以控制自己和周边的资源环境的，这种控制能力的基础就是自律。自律的人具有高尚的道德感，认同社会的议事原则和规范，个人的发展也会推动社会的前进

③执着。执着是一个人对某种期望的事物表现在行为上的不舍弃的心理态度，是一个人的行为方式。执着，反映了个人对自己判断准确性的肯定，即主观能动性的强烈程度，可以让人更主动地去追求，而不是躲避和退缩。

④理性。理性相对于感性，是人对事物的思考方式。对于受教育者来说，缺乏理性的思考容易盲目和形成惰性，不知道学习的目的，不知道努力的

方向，最终导致对学习的厌倦。形成理性思考的基础就是要学会观察和认识身边的事物。

⑤责任感。责任感是人唯一的可以挖掘内心的需要并启动无比强大的主观能动性的金钥匙。缺乏责任感的孩子长大后缺少追求，也不会尊重别人的劳动成果，他们无法面对竞争，没有动力源泉，往往因在社会上会遇到困难而一蹶不振。

⑥乐观。乐观是一种处世哲学精神，是不论顺境、逆境都能从内心保持着积极向上的精神，这是一种充满正能量的性格因素。乐观可以让人用平静的心态去对待事物，以积极的态度来面对世界，是人永远的加油站。

⑦冷静。冷静是一种行为方式，也是一种态度，同一个人的理性有密切的关系。这样的行为方式或态度可以给掌握它的人带来思考后的无穷乐趣，而不是用不假思索的冲动来处理问题。培养冷静的态度对孩子顺利地成长和实现理想有很大的帮助。

2. 培养能力

一个人的能力包括实能和潜能。实能是一个人现在懂得什么和能干什么，即已掌握的知识和技能。潜能是一个人的身体和心理条件决定的完成某种活动的可能性。要把孩子培养成一个有良好的理解能力、分析能力、判断能力、自我调控能力的人，主要是开发孩子的潜能，自主教育正是通过练习和实践，把这种潜能最终变为实能。

3. 培养品德

重视智力开发，忽视品德培养是许多家庭教育乃至学校教育的误区。德育对学生来说，首要的是法制教育和公德教育，当然，信仰教育亦不可少。维护法纪靠强制，维护公德靠舆论，都要借助于外力控制。信仰是将外在价值准则内化所形成的人生观和世界观，只有在信仰支配下的行为才是自觉的内控的行为。信仰有好有坏，有善恶之分，人不能没有信仰，更不能信仰邪恶，因此，家庭及学校教育要帮助孩子树立并坚持真善美的理念信仰。

三、自主教育的理论基础

(一) 人本主义

人本主义心理学兴起于20世纪50年代，是有别于精神分析与行为主义的心理学界的"第三种力量"。主张从人的直接经验和内部感受来了解人的心理，强调人的本性、尊严、理想和兴趣，认为人的自我实现和为了实现目标而进行的创造才是人的行为的决定因素。它沿用了哲学中人本论的观点，提倡"以人为本"。

人本主义的学习理论从全人教育的视角阐释了学习者整个人的成长历程，以发展人性；注重启发学习者的经验和创造潜能，引导其结合认知和经验，肯定自我，进而自我实现。人本主义学习理论重点研究如何为学习者创造一个良好的环境，让其从自己的角度感知世界，发展出对世界的理解，达到自我实现的最高境界，因此，他们强调要"以学生为中心"来构建学习情景。

(二) 建构主义

建构主义认为，知识不是通过教师传授得到，而是学习者在一定的情境，即社会文化背景下，在获取知识的过程中，借助其他人(包括教师和学习伙伴)的帮助，利用必要的学习资料，通过意义建构的方式而获得。建构主义提倡在教师指导下的、以学习者为中心的学习，也就是说，既强调学习者的认知主体作用，又不忽视教师的指导作用，教师是意义建构的帮助者、促进者，而不是知识的传授者与灌输者。学生是信息加工的主体、是意义的主动建构者，而不是外部刺激的被动接受者和被灌输的对象。

教师要成为学生建构意义的帮助者。激发学生的学习兴趣；通过创设符合教学内容要求的情境和提示新旧知识之间联系的线索，帮助学生建构当前所学知识的意义；为了使意义建构更有效，教师应在可能的条件下组织协作学习(开展讨论与交流)，并对协作学习过程进行引导，使之朝有利于意义建构的方向发展。

学生要成为意义的主动建构者。要用探索法、发现法去建构知识的意义；在建构意义过程中要求学生主动去搜集并分析有关的信息和资料，对所学习的问题要提出各种假设并努力加以验证；要把当前学习内容所反映的事物尽量和自己已经知道的事物相联系，并对这种联系加以认真的思考。

（三）人格理论

人格是每一个人在一切环境中所具有的独特和持久的性格。

1. 精神分析的人格理论

弗洛伊德的人格理论是建立在本能的基础上的。他认为人格是由本我、自我与超我构成的。

①本我

所谓本我，指的是最原始的我，是一切"我"存在的心理前提和能量基础。一般可以理解为天性、本能和自然思维规律等。在弗洛伊德的理论体系中，认为这种"本我"是追寻快乐、避免痛苦的；是无意识、无计划的，和动物是没有什么本质区别的。通常情况下，人们往往理解"本我"为"本能"。

②自我

所谓自我，指的是"自己"这个意识的觉醒，是人类特有的自我探寻的开始。"自我"可以称为"在现实环境约束下的自我"。自我是用自己的能量去阻止本我的非理性的冲动。自我一方面通过延迟满足感以控制本我，直到需要能实际地得到满足；另一方面又通过一定的手段为本我服务。

③超我

所谓超我，指的是泛道德伦理角度的"我"。如果将本我概括为"我想要"，那么自我就是"我能要"，而超我则是"我应该要"。超我的形成是外部环境，尤其是在道德规范、社会取向等的影响下，作用于本我的结果。超我遵循"道德原则"，为达到完美和理想而活动。

精神分析的理论认为，本我、自我和超我在个体的人格结构中陆续发展并共存，他们之间有着不可避免的冲突。儿童在发展过程中，本我、自我和超我三者在充满活力的运作中达到平衡，人格就会健康成长。本我太

三自教育

强的人过分自私自利,不尊重她人。自我太强的人会过度自信、自负,轻视他人。过强的超我则使人容易自责、内疚,甚至引起心理疾病。

教师和父母作为孩子成长中重要的一环,关键就是采用什么教育方式来培养和引导孩子,创造孩子各方面(身体、性格、学业等)发展的良好环境,帮助孩子养成体现自我的良好性格,让孩子自己走好学习、工作、生活的人生之路。

(四)现代教育理论

现代教育理论是指根据社会发展的需要和教育现代化的要求,教育者通过启发、引导受教育者内在的教育需求,创设和谐、宽松、民主的教育环境,有目的、有计划地组织和规范各种教育活动,从而把他们培养成为独立自主、自觉能动、积极创造地进行认识和实践活动的社会主体。据此,学生是教育的主体,教育是促进学生主体性发展的活动。教育的目的是不教育,教育的实质就是教育学生具有自主性,学会自主学习。联合国教科文组织国际教育发展委员会编著的《学会生存》中指出:未来的学校必须把教育的对象变成自己教育自己的主体,受教育的人必须成为教育自己的人。由此可见,自主教育是突出教育活动中的学生主体地位和作用。

(五)国家教育政策法规的规定

《国家中长期教育改革和发展规划纲要》也再次强调:"学校教育和学生身心发展的规律,为每个学生提供适合的教育。"实施"自主教育"就是面向全体学生,坚持"以生为本"的原则,突出学生的主体地位,培育学生的自主意识和创新实践能力,关注并促进每个学生主动地、生动活泼地发展,这是深化教育改革、全面推进素质教育的需要。

第二节　自主教育的校本研究

随着社会的不断发展，竞争越来越激烈，社会对学校教育提出了新的要求，接轨国际教育，改革育人机制与模式，成了基础教育工作者面临的重要课题。21世纪70年代以来，中外教育改革发展的走向大体相同：西方国家倡导教育要表现个性，培养自我；而我国教育整体改革中出现的"愉快教育""参与教育""成功教育""希望教育""创造教育""合作教育"等多种教育模式，无一不是把重点放在自主发展的追求上，在发展学生主体精神上做出了多种探索和尝试。中外教育改革发展的趋同性，反映了培养学生主体意识是时代的需要，时代的发展呼唤着自主性教育和人的主体精神。

基于应试教育背景下学生被动管理、被动学习、过度照顾等主体性丧失的教育现状，以"双主"发展理论为基础，以学生品行自治、学习自主、生活自理能力的达成为目标，我校实践探究自主教育校本实施的路径和策略。经过近6年的实践研究，我们探究出自主教育校本化实施的五大着力点和三大规律，建构出"1241"学生自主管理模式、"四性四环"自主学习性课堂和学校劳动教育课程体系，切实培养了学生的自我管理、自主学习和生活自理能力，较好地实现了学生的自我教育和个体的自主发展。

一、自主教育校本研究解决的问题

（一）解决了学校教育由"应试教育"向"素质教育"转变的问题

传统应试教育中，学生学习主体地位弱化，教师中心论、分数论主导着课堂。学生被动管理、被动学习，导致学生自主发展能力受限，学业水平不高，学习兴趣缺乏，自我管理能力低下。自主教育强调学生是学习的主体，强调任何人都不能替代和包办主体的学习和发展，强调学习者自主发展能力的培养，强调教育是服务人的。回归到人的教育，以人为本的教育，就是素质教育。自主教育的实践研究即是学校教育从应试走向素质的转变之路。

（二）解决了自主教育校本实施的路径策略问题

本研究针对学校自主教育目标泛化，实施无序化、口号化等问题，实践探究出学生品行自治、学习自主、生活自理能力培养的路径和策略，创新解决了自主教育在学校教育中的落地生根、校本实施的问题。

（三）解决了自主教育校本实施中德育管理和课堂教学模式转型的问题

本研究致力于以先进的教育教学理论为指导，以生本论、动态发展论、生活教育等理论为基础，创新德育管理和课堂教学模式，摒弃了传统的"他主管理""全控化管理"模式和传统的"教师中心"的教学模式，实现了德育管理和课堂教学模式的转型。

（四）解决了教育中忽视学生生活自理能力培养的教育偏差问题

本研究致力于打通家庭、学校、社区的壁垒，实施全域育人。建构出基于学生生活自理能力培养的学校劳动教育课程体系，很好地解决了学校与家庭教育中忽略生活自理能力培养的教育偏差问题。

二、自主教育校本研究的过程

六年来，在不断地实践、探索、研究、感悟、提炼的过程中，我校逐步探究出"品行自治、学习自主、生活自理"的自主教育校本实施路径策略。

（一）第一阶段：初步尝试，整体建构（2015年9月年至2016年8月）

2015年，受"双主"发展理论的影响，根据我校的实情，从学校层面提出实行学生自主教育的实践研究构想。研究从学生自我管理、自主学习两方面入手，着眼课堂改革和创新德育管理模式的建构。课堂改革方面，从转变教师教学观念入手，将学生放在学习的主体地位，从关注教师的教到关注学生的学，积极尝试基于小组合作学习的课堂建构；德育管理模式方面，我们以建立学生自管组织为抓手，研究学生自主管理模式和机制。我们远赴江浙名校学习，向本地教改名校取经，并邀请专家把脉，最终提出"品行自治、学习自主、生活自理"的自主教育校本化实施目标。

（二）第二阶段：实践探究，形成模式（2016年9至2018年7月）

2017年9月，学校以市级课题"九年一贯制学校'三自'教育"为载体，持续深入开展学生"品行自治、学习自主、生活自理"的自主教育实践研究，继续深入开展德育管理模式和课堂教学模式建构的实践，并开展家校共育策略的研究和学校劳动教育课程体系的建构。经过三年的研究，最终实践探究出"1241"学生自主管理模式，"四性四环"主体性学习课堂和学校劳动教育课程体系。并出版了校本化自主管理专著《小小礼仪》，学校也因显著的教育教学效果和管理成效，多次在市区内各种教学管理活动中交流。

（三）第三阶段：完善升华，拓展内涵（2018年8月至今）

2018年8月起，在总结和继承已有经验的基础上，我们继续以课题研究为支撑，不断开展实践研究工作，进一步完善"自主教育"的思想体系，推进和优化"自主教育"的实践模式，丰富"自主教育"的文化内涵。"三自"教育课题于2020年9月成功结题，学校的研究成果在区内学校推广应用，多个学校与我校建立结对帮扶学校。学校的自主教育研究，获得较好的社会反响。

三、自主教育校本研究的内容

（一）"品行自治、学习自主、生活自理"三位一体自主教育的内涵与特征

"品行自治、学习自主、生活自理"三位一体自主教育是一种充分发挥生命个体发展性和主体性的教育理念，关注每个个体生命成长和自主发展。

1. 内涵

品行自治：是指学生对自己的品质、思想、行为等表现进行的自我管理。学习自主：指的是学生在教师指导下，自主分析、自主探索、自主实践、自主质疑、自主创造的学习过程。生活自理：指学生在日常生活中对自我的照料和服务。自主教育：是一种充分发挥生命个体发展性和主体性的教育理念。"品行自治、学习自主、生活自理"三位一体的自主教育即是学生通过对自我品行的管理、学习主体性的发挥、自我服务性劳动的实践，来实现自我管理能力、自主学习能力、生活自理能力的发展，从而实现学生个体能力的全面提升的教育。

2. 特征

（1）主体性

自主教育相对于传统教育而言，相对于他主教育而言，强调了主体内在力量的激发，强调主体本位。侧重于主体与环境及外界的相互关系中的主导作用。

（2）发展性

自主教育立足人的成长过程，强调个体的持续发展，强调发展有不断的向上向善的趋势，具有不断成长的能力。

（3）整体性

自主教育，着眼学生的全面发展，着眼学生个体发展的关键能力培养，不窄化、矮化、片段化自主教育。

（4）本土性

自主教育既立足立德树人的国家层面要求，又立足区域性的学校实际，立足学校的自我特色发展，立足学生全面而个性地发展，不是一般性的自我教育。

（5）实践性

自主教育，注重学生的实践体验，以外化内生的实践方式，让学生知行合一，能力逐步提升，具有显著的实践性。

（二）"品行自治、学习自主、生活自理"三位一体自主教育的五大着力点

一是着力课堂，发挥学生自主教育能力生长的主场功能。我们把学生的自主教育贯穿到学科教学的各类学习活动之中，在自主学习过程中，自我管理、自我调控，并渗透劳动教育，以发挥课堂育人的主场功能。

二是着力队伍，提升德育管理和课堂教学的专业水平。学校努力打造具有先进理念和实践操作能力的专业教师队伍，实现传统德育管理模式和传统教学方式的转型，以提升我校自主教育的内涵和效能。

三是着力评价，彰显学生自主教育的核心价值。学校科学设置各种考评制度，采用多元评价方式，关注学生能力发展的动态生成，追求评价的最大正效应，让科学评价成为学生身心成长的引擎，让自主教育最终成为学生发展的核心动力。

四是着力文化，浇铸学生自主教育的精神之魂。学校建设适合师生自主教育的精神文化、制度文化、环境文化，打造氛围浓厚的自主教育场域，浸润学生的心灵，最大效能地促进学生自主发展。

五是着力合力，拓展学生自主教育的实践场域。学校整合家庭、学校、社区的教育合力，提高共育效能，发挥共育水平，拓展学生自主教育的实践场域，促进学生的自主发展。

（三）"品行自治、学习自主、生活自理"三位一体自主教育的三大规律

一是自主教育过程是学生德智体美劳教育相互渗透和综合发展的过程。它使学生的自主教育具有整体性、融合性的特征，在实现学生品行自治、

> 三自教育

学习自主、生活自理能力目标的过程中,达成了五育的融合。

二是自主教育过程是学生个人发展诉求与教育要求的辩证统一的过程。学校的自主教育必须尊重学生的天性、特点和需求,同时把社会的要求、民族的要求与生命的个性相统一。

三是自主教育过程是把学生自主发展能力转变为生命成长核心动力的过程。自主教育不仅着眼当下学生成长的需要,更要把学生的自主发展能力作为学生终身发展的引擎力量。

第三节　学校自主文化解读

自主教育是我校教育的主要方式，我们要在自主教育理论的基础上，结合我校实际情况，形成我校自主教育的新特色。学校管理团队立足于学生长远的发展，为他们一生奠基，提出了"刚健有为，自强不息"的"有为教育"主张，确定了文化立校、特色发展的自主教育发展战略。

一、学校简介

遂宁市北固初级中学校，地处遂宁市船山区遂州北路宏桥东街19号，隶属于遂宁经济技术开发区管理委员会，是一所九年一贯制学校。学校占地面积30 328.1平方米，建筑面积16 298.21平方米，学校招生范围为鸿发街以北片区，现有45个教学班，2 300余名学生，129名教职工，共有五栋教学楼，其中化学实验室，物理试验室，科学实验室等设施设备齐全，音乐室，舞蹈室，美术室等活动室根据各自的特点，均配套齐全。

学校师资强，年轻教师占一半以上，教师平均年龄不足40岁，通过近几年学校高质量的发展，引进了一大批优秀青年教师，为我校教师队伍注入了新鲜血液与干劲儿，我校生源学生较为稳定，大多为北片区房户生以及少数的随迁学生，学生及家长素质普遍较高，这对家校沟通协作提供了有力支撑及得天独厚的条件；学校在党工委、管委会及主管局的大力支持下，通过引起方略项目内涵式发展，学校取得了前所未有的发展春天，通过引起上海、浙江名师到校同课异构讲授，我校教师远赴上海、浙江等地跟岗学习交流，在教育教学、班级管理、学生管理上均收获颇多，学校

> 三自教育

通过近几年高质量的发展，分别获得市、区优秀集体、优胜单位、市级文明校园等诸多荣誉称号，形成了学生好学、老师爱岗的良好氛围。

学校的发展也离不开社会各界的关心与支持，近几年学校蓬勃发展，在家长及社会中有很好的口碑，这为学校发展及学生养成教育、爱国主义教育奠定了坚实的基础。

在新时期德育工作新形势新要求下，学校坚持全员德育原则，校长负责，教职工参与，实行教书育人、管理育人、服务育人。健全德育管理机制，落实班队课堂教学活动，提高活动实效，发挥教学的德育功能。建立学校、家庭、社会三结合的育人网络，优化德育活动过程。学校加强以树立社会主义民主法治、自由平等、公平正义理念为目标的公民意识教育，积极引导学生理解并正确地行使权利，依法维护自身的合法权益，并尊重他人的权利，尽到相应义务，担当相应责任，提升社会责任感和对集体的归属感。学校德育以"规范加体验"的形式，校外第二课堂活动与校本教育相结合，拓展学校课程文化，以社团课程文化丰富学生生活和提升学生的创造力。

学校校徽

二、办学理念

学校秉承莲峰书院"育人为峰、书香之教"的办院宗旨，将悠久的历史与厚重的积淀作为内涵发展的根脉，从历史中走来，向未来走去。新时期，遵行"山高人为峰，奋发皆有为"的办学理念，固本出新，做"有为教育"，以推进学校更优的传承与更好的发展。

"山高人为峰"这句话是学校的历史传承，也是学校百年文化的育人坚守，唯人可沿书阶攀缘，成山之人峰。教育是对人的托举，人凭借自己的努力，获得广博的学识与道德修为，不断向上攀登，无论多高的山，都不能阻挡人最终成为高山之峰，这是学校百年来的信仰与坚持。

"奋发皆有为"这句话着眼于学校当前和未来的发展。山高人为峰，要攀上山顶，必须奋发向上，努力攀登，不忘初心，砥砺前行，为着自己的目标不懈努力。奋发即是"有为"，"有为"是一种教育哲学，既是一种主观意愿，更是一种行动自觉。"有为"指有作为，或有所待。在新的时代，社会主义核心理念倡导努力奋斗。奋斗是人生的中心词，能很好地概括人生的发展动态，只要奋发，就是有为，这是一种持续不断、螺旋上升的动态形式。只有奋发有为，个人或群体，才能不断进步。

"山高人为峰，奋发皆有为"体现的是以人为本的发展观，就是让人们自主、自信、自强，不断地开发自身资源，让自己发挥无限潜能；这也体现了一种担当，对自身的担当，对社会的担当，这种精神能源，是一种文化，也是文明之源，更是学校发展之源。

三、学校文化

（一）文化理念

文化根脉：莲峰育贤，书香致远。

办学宗旨：为有为人生奠基。

校训：刚健有为，自强不息。

校风：静雅刚毅，求实进取。

教风：厚德博学，立己达人。

学风：勤学好问，自主创新。

（二）学校文化内涵

"有为教育"是一种以人为本的教育思想和素质教育模式。就价值取

三自教育

向而言，"有为教育"关注人生价值的社会导向，侧重于激励师生对实现人生价值过程的追求，是教育者引导和促进学生自主成长、自主进取的自主教育模式。其文化内涵为：固本出新，循道有为。

固本，意思是巩固根本。本，即基础、根本、以人为本。学校教育的根本就在于以学生为本，立足孩子"真、善、美"这一根本，为孩子打牢基础（培养三个习惯：阅读习惯、行为习惯和锻炼习惯），为终身发展奠基。"出新"的要旨是创新。我们提倡述而有作，在完整继承的基础上，敢于挑战权威，善于探索新知，正确看待失败，尊重个性发展，逐步建立超越前人的知识体系和技能体系。在坚持"固本"的基础上力求"出新"，在坚持和发扬优良传统和成功经验的基础上，勇于变革、勇于创新，用新的方式方法应对新情况和新问题。

循道，遵循正道。学校办学之道，指向求真务实、积极向上，办适合孩子成长的教育。即努力让学校的每一个角落都能充满向上的精神与教育的智慧；努力让学生的每一个时刻都能享受学习的收获与成长的乐趣；努力让老师的每一天都能体会职场的幸福与职业的尊严。"有为"指有作为，或有所待，是道家哲学。待就是依赖于条件，随条件的变化而变化，因缘和合而成。按"循道而行，遵道而动"的原则，力求"有为"，其核心是"为"。"有"是主观的、积极的、能动的生活态度；"为"是行动和实践，表示主体的每一次进步。"有为"是主体奋发拼搏、努力进取的动力，充分发挥自身的才能，实现每一次的进步，最终在某个（些）领域取得建树或成就。

（三）学校文化构建

"有为"是一种教育哲学，既是一种主观意愿，更是一种行动自觉。"有为教育"的文化架构：三风一训。"三风"指校风、教风、学风，一训指校训。

1. 学校校训

学校以"刚健有为，自强不息"为校训，倡导师生为人处世就应该像天那样高大刚毅而自强不息，自我力求进步，永不停止，不断改革进取，应时而变。这是从人本主义立场强调了人"刚健有为，自强不息"的基本品质，是中华民族精神的重要历史根源。

2. 学校"三风"

①学校校风

静雅、刚毅、求实、进取。因为成功来自于自信、自立、自强。不论做什么，一定要相信自己，有信心，我一定能，一定行，一定可以，我相信我的实力与魅力。自我努力做到，争取不靠他人的帮助与同情而做到完美，体会人生的价值观和成就感的自我人生魅力。想为、能为、有为三者互为前提，互相依存，它们是持续不断、螺旋上升的动态形式。"想为"指的是师生自我欣赏、提出梦想，自我激励、树立自信的"求作为"动机形成过程。"能为"指的是"担当、创新"能力的培养，它注重的是每一个孩子的责任意识及自我才能的形成。"有为"指的是师生把梦想化为激励能力培养的动力后，师生利用自身的真才实干，在某一方面有所成就，有所作为。

②学校教风

厚德博学，立己达人。厚德与博学源于古训。"厚德"出自《易经·坤卦》中的"地势坤，君子以厚德载物"。"博学"出自《礼记·中庸》中的"博学之，审问之，慎思之，明辨之，笃行之"。前者指人才素质规格，后者反映了一种教育理念。"夫仁者，己欲立而立人，己欲达而达人"。立己就是教师不要忘记自我成长，要不断地修炼自己，在位有为；达人就是要将这样的修炼转化为教育的智慧，形成育人的成效，学生学而有为。在立己达人，再立己再达人的良性循环过程中真正达到理想的学问境界和人生境界。

③学校学风

勤学好问，自主创新。学以修身，习以为能。指择善而从，博学于文，并约之以礼。因为人的一切美德、能力都是从学习中得来的，所以学习对我们来说，是自我的精神追求，更是时代赋予的重要责任。学习的目的在于提高自身的修养，成就自己的人格，提升个人能力，是追求个人道德生命的完美，它是中国传统教育的基本理念。

三自教育

四、学校自主教育的实施路径

（一）创设环境文化，润泽书香校园

文化是一种力量，是软实力，核心问题是价值观。"有为教育"作为育人模式的一种创新方式，它不是强制人的方式，而是吸引人的方式，是中国传统文化特有的文化方式——浸润、融化、体验、感悟。通过建设高品位学校文化，塑造学校共同价值观，建立和实施共同愿景，建设教职工精神家园等途径实施人文管理，以文化引领教师、学生和学校的发展。

《遂宁县志》载："莲峰书院，在北坝，光绪二十九年，改书院，成立公立国民学校。民国八年，新建房屋数间。"莲峰书院于清代由遂宁县北坝人史建中所建，位于原学校初中部校址。莲峰书院经过百余年历史的沉淀，其形迹虽已消逝，但其"莲花之品""书香之教"仍得到了长久的传承。学校以"书香教化"为阶梯，以"莲峰文化"为感染，以"固本"的传统文化和"开创"的现代文化为主要内容，使历史精神与时代意义相结合，在山麓之境，书香之园默默行仁者育人之道，坚持良好教育的施行，保证一方人才的代代涌出。

学校将特色文化融入环境之中，实现环境育人的原则。同时注重文化性、艺术性、教育性体现，秉承"物、景、情"的建设规律，为每一个学生的健康发展创造优美的人文环境。结合学校的整体建筑风格，以及"固本出新，循道有为"的核心价值观，学校将环境文化建设主题设定为"莲峰育贤书香远"，将环境布置定位为"文墨交织，德馨境秀，书香满园，阳光致远"。将核心理念和特色文化诉诸校园的各个空间场所以及载体。立足学校核心理念之精要，传承莲峰传统之精粹，展地域之风华，辐射自然生态之和谐，力求做到以学校特色文化为统领，形成"一轴、两区"的规划布局，整体将学校打造成为独具特色的知名学府。

（二）创新德育路径，涵养"有为"少年

为培养孩子良好的品性，形成良好的道德，我们探索以品行教育为载体、以德育评价为抓手的德育路径，凸显德育"趣味化""活动化""常态化"

的阶梯式发展，培养学生良好的行为习惯，涵养其高贵品质。

通过班队会课，开展品格游戏、品格活动，制定行为规则，形成行为规范。实施班级管理，民主制定班级管理制度，形成学生自我教育、民主管理的班级管理模式；通过品格行为讲授与示范、品格故事分享，形成良好品格。保持良好的家校互动，通过家长学校建设，进行品格教育与家庭教育理念传播，让家长具备家庭教育能力，达到教育一致性和一贯性，形成有效的家校合力。

有为教育主张人的智力不是单一的能力，而是由多种能力构成的，因此，学校的德育评价指标、评价方式也应多元化，需遵循学生身心发展规律和成长需要，凸显德育生活化、体验化、地域化等特点，科学构建德育目标、内容、路径，推进"有为少年"评价体系，切实增强学生德育的科学性、系统性、针对性和实效性，促进学生道德发展，为学生身心健康成长和幸福人生奠基。

（三）熔铸课程体系，实现"有为"人生

1. 课程是教育的重要载体

"有为教育"落实到学校课程体系中，就是以素质为核心、以实践为导向，主要采取在国家课程及地方课程中"渗透"，开设特色课程、实践课程和活动课程四条路径，形成具有个性的学校课程和课程文化，满足学生多样化成长的需求和教师专业化发展的要求。

2. 国家及地方课程的校本化

在实施国家及地方课程中，我们从学生的需求出发，结合各科课程的特点，通过课程内容、课程资源和教学方式的统整，以"有为课堂"为载体，挖掘课程中"有为哲学"因素。

3. 丰富多彩的校本文化课程

文化课程作为一种深度探知、广泛涉猎的文化体验课程，旨在提升孩子的人文素养，有着独特的育人价值。比如我们的阅读课程，从晨读到午诵，从每周一的专门阅读课到每期主题读书节，均立足于"培养阅读习惯，

三自教育

奠基高雅人生"。

4. 注重体验的志趣实践课程

实践课程以孩子的生活经验为基础，注重动手实践、主动探索，培养孩子的良好道德和兴趣爱好，形成经验。每周二三四下午最后一节课，以选课走班形式开展"志趣"实践课，涵盖琴棋书画艺术熏陶类、跳绳及三大球一小球强身健体类、科技制作人工智能开发类。

（四）强化专业引领，打造"有为"课堂

有为教育主张在教学方法上，应该根据每个学生的智能优势和智能弱势选择最适合学生个体的方法。按照孔子的观点，就是要考虑个体差异，因材施教，关注学生的差异，善待学生的差异，并根据学生的差异，运用多样化的教学模式，促进学生潜能的开发，最终促进每个学生都"有所为"。

有为，是一种自我获得，"有为课堂"务求简约化，要求目标精准、内容精干、结构精炼。有为，是一种行动能力，"有为课堂"务求活动化，要求课堂小组合作、多元对话、踊跃展示。有为，是一种思辨能力，"有为课堂"务求思辨性，要求课堂设置问题情境以培养学生的思辨意识。有为，是一种价值判断，"有为课堂"务求自主性，要求课堂教学能激发学生积极性、主动性和创新性。

"有为课堂"主张教师备课、上课不能再像以往那样仅仅为了讲解教材，而是更多地去关注学生，开发学生潜能，促进学生全面发展。在教学形式上，重视小组合作学习和讨论，以利于人际智能的培养；在教学环节上，重视最后的反思环节，培养学生的内省智能。力争使课堂教学丰富多彩，课堂互动形式多样，使学生的主体地位更加明显。

五、学校特色发展规划

经过多年提高教学效益的探索实践，我们发现，对学生进步影响最大的因素是学生自我感悟、自主规划和自我努力。正如一辆列车，依靠外力的推动是跑不快也跑不远的，只有列车自身的强大动力才是其能够进入快车道的根本。因此，我们要加强学生的内在动力，促进学生在学业和未来发展方面达到更高的境界——自主发展。自主发展是一个人能否成为有作为的人的根本素养，是一个人远离平庸、走向卓越的内在因素。对于一所学校而言，亦是如此，只有这样，才会有持续不断的内驱力。

我校秉承"山高人为峰，奋发皆有为"的办学理念，通到教师的专业发展来促进学校的可持续发展，积极培育学校文化，不断深化以"自主教育"为主题的学校特色建设，已在学生自主学习、学生自主规划、学生自主组织活动方面有了一定的实践经验并取得了良好效果，逐步彰显了自主发展教育的特色，使得自主发展教育有了一定的基础。

我们将在学校的未来发展中注入这样的教育理念：

为学生留出一个自主发展的空间，培养其独立思维，铸就其健全人格；

为学生提供一个自我选择的机会，让有不同特点的学生均获得充分发展；

为学生创设一个展现个性的舞台，让学生的才华得到充分展示；

使学生在掌握人类优秀文化的基础上，学会做人做事，学会求知创新，学会健体审美，学会合作交流，树立自主意识，实现主动发展。

长风破浪会有时，直挂云帆济沧海。北固中学全体师生定将携手并进，通过构建并完善学生"品行自治、学习自主、生活自理"三位一体的学校自主教育体系，逐步形成学校的特色发展之路，固本出新，做有为教育，将北固中学打造成开发区最好的九年一贯制学校，辐射引领开发区其他中小学校发展。在知行合一中，主动担当，有所作为，践行教育初心，在学校教育高质量发展的道路上砥砺前行，书写奋斗华章！

第二章

品行自治
实现了学生自主发展的创造力

　　品行：指人的道德品质和个人行为。自治：自行管理或处理。品行自治，即指个人自我修养，管理自己的品德和行为。品行自治，就是指个体对自己本身，对自己的品质、思想、心理和行为等表现进行的管理。自己把自己组织起来，自己管理自己，自己约束自己，自己激励自己，最终实现自我奋斗目标的一个过程。

　　著名教育家苏霍姆林斯基说，教育的目的是教会学生自我教育，《全国基础教育课程改革的目标》告诉我们要强调学生是学习的主人，管理的主人要以学生为主体，要培养学生创新精神和实践能力，可以这么理解，21世纪，是一个更加强调"自己教育自己"的时代。一个优秀的学生，必须学会面对现实，调整自己并能发展自己。培养学生自主管理能力，是实现这一教育目标的一个很好的渠道，本着教会学生"自我管理、自我服务、自我教育、自我提升"的教育理念，我们创新构建了德育"1241"学生自主管理模式。学校将自主管理纳入学校管理体系，营造学校管理的德育环境，倡导学生增强自主管理意识，着力培养学生的自主管理能力，促进学生的能力素质协调发展，充分发挥个人潜能。

三自教育

第一节 自主管理概述

教育的本质是激发学生的主体意识和内在动力，在自我教育中激发学生的主体地位，达到自我教育的最终目的。在学生管理体系的构建中，我们要积极探讨学生自主发展的内涵，关注学生获得新体验和探究性的知识，增长学生的经验阅历，培养个体生命的理性，涵养生命的情怀，追求更高层次的教育，从而实现立德树人。

自主管理是自我管理的一种行为。目前学者们给出的概念主要有两层含义：一是自我管理，自我完善；二是以人为本，尊重人的主体性。有学者提出，自主管理是指为了满足自身发展和实现自我价值，在组织中以自己为对象，主动、积极地进行自我认识、评价、教育和控制，实现个体发展目标与组织的共同愿景和目标，同时促进自身发展的管理模式。这些观点侧重于尊重人的主体性，要求尊重人的主体精神，在真实的生活中去自我认识、体验、矫正和控制，促进人的自主性人格的发展。自主管理教育理念的基础是"以人为本"，遵循发挥人的"主体性"这一原则，根据组织的共同目标，通过自我约束、自我管理所做出的推动组织不断发展前进并实现自我价值的自主性行为。

自主管理的主体是全体学生，教育的最终归宿是学生的全面发展，人本管理的途径是学生全员参与。当学校、班级由学生全员参与管理时，师生之间、生生之间是主体的管理网络。学生从传统的管理客体变为管理的主体，每个"管理者"都会树立主体意识，主动履行自己的职责和义务，把完成自己承担的任务看作自己的理想和追求，从而尽其所能为之奋斗，变"要我做"为"我要做"，变"他律"为"自律"。

一、自主管理的含义

（一）传统的学生管理

长期以来，我们把学生管理简单理解为教师对学生的管理，以至于在管理过程中所采取的许多措施都有意无意地把学生放到了自己的对立面。传统的教学观念把学生当成被动的受教育者，在教育过程中，教师习惯于发号施令，习惯于包办一切，忽视了学生的自我教育、自我管理功能，学生始终处于被动的局面。这样的教育，教师苦、教师累，学生也得不到发展。

传统的学生管理，忽视了以人为本的理念，很少考虑学生的心理需要和心理体验，把自主且有活力的人，视为按号令行动的一种工具。教师专制性强，缺乏民主，"听命"和"顺从"成为学生的基本状况，学生的自主性无法体现。

（二）我们的"自主管理"

传统的教育是灌输式的教学模式，在这种模式里，学生的主体作用常被忽视，这不利于学生的发展。而学生自主管理教育模式与传统的模式相反，更有利于学生的发展。学生自主管理是学生在教师积极引导下自行发现自我价值、发掘自身潜力、确立自我发展目标、形成适应社会发展和推动个体与社会发展的意识和能力的一种教育管理模式。学生自主管理，也是一个比较好的教育过程，是一个社会实践过程，也是学校励志教育的一种体现。

我校通过开展全面的问卷调查，切实掌握研究实情。调查后发现：学生总体上思想积极向上，孝亲尊师，互助友善，明礼守法。但是部分学生浪费现象严重；部分学生存在说谎、抄袭、作弊和说话不算数等诚信问题；个别学生缺乏公共文明行为。形成原因有以下两点。一是家庭原因。很多家庭父母忙于工作，孩子由爷爷奶奶照顾，导致家长更多关注学生身体和成绩，往往忽略道德品行的教育。二是社会原因。网络或现实中不良现象的影响，或同伴的影响。

由此，我们的"自主管理"，就是要唤醒管理对象即学生自我成长的内在需求，赋予其自主管理的权力，并为其提供自我发展的空间和平台，促进其自我发展与主动发展。

也就是说，根据学生的身心特点和教育规律，在学校教育管理的宏观调控下，有目的、有计划、有组织地引导学生在学习生涯中，充分发挥他们的主观能动性，以个人、小组、集体等形式主动参与到自主发展的实践活动中来，在活动的过程中培养自我教育、自我管理、自我约束的能力，使学生在由他律转化为自律的过程中走向自主发展。

二、自主管理的理论基础

苏霍姆林斯基说过："真正的教育是自我教育。"自我教育是实现自我管理的前提和基础，自我管理则是高水平的自我教育的成就和标志。因此，真正的管理是自我管理。

（一）现代人本主义心理学

现代人本主义心理学是自主管理的心理学基础，其中最重要理论依据就是马斯洛的"需要层次理论"。每个人都渴望主宰自己的行为，学生自主管理满足了现代学生希望受到尊重、自我实现需要的心理需求，为学生全面发展提供了舞台，让学生体验到了成长所带来的快乐。以马斯洛、罗杰斯为代表的人本主义心理学家认为，教育的目的就是发展学生的潜能，提出了以促进学生潜能的实现为核心的道德教育观，强调以学生为中心。因此，让学生成为自己所期望的人物，完成与自己能力相称的事情，最大限度地发挥个人潜能，满足自我实现的需要，是我们自主管理的指导思想。

（二）现代管理理论

学校管理本质上是个"人→人"（即"教师→学生，学生→学生，教师→教师"）系统，系统内部各要素之间是互动的，我们不能只关注"师→生"，而不关注"学生→学生"和"学生→教师"。现代管理理论特别强调系统中各要素的循环结构，而不看好单向线条结构。因为前者能反映出相互间的主动地位，体现主动性与被动性的转换；而后者则将一部分人放在主动性位置上，另一部分则被放在被动性位置上。

（三）内化论

学校管理的理想境界是内化。所谓"内化"是指经过认同而逐步形成指导自己行为的价值复合体的过程。在德育过程中，教师、学校，一切德育活动只是外因，是催化剂；真正内化要靠学生自己，关键是学生参加德育活动后的切身感受和接受程度。强化学生的亲自感受和消化接受程度，提高他们的主动性是决定性的一环。当学生以主人翁的地位发动、组织、参与其中，那么他们的切身体验就会明显地强化而保留，从而逐步地内化。

（四）学生本位论

学生是管理的对象，也是管理的主体。学校因学生而存在，学校的一切管理是为了学生的全面发展。学校应尽可能更多地为学生创设各种条件，让更多的学生参与管理工作，使他们在这些管理工作中取得更多的成功。

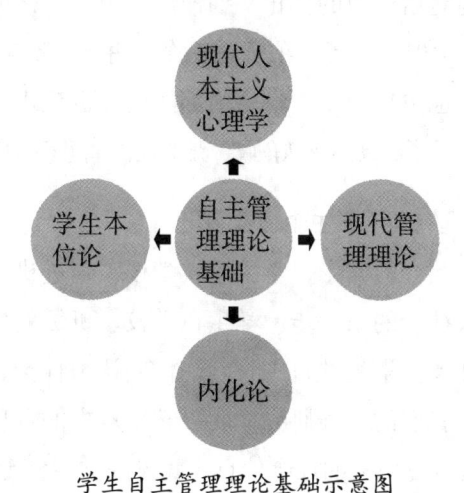

学生自主管理理论基础示意图

三、自主管理的意义

经过我校的"三自"教育实践研究，我们深刻认识到自主管理对学生发展的重要意义。

三 自 教 育

（一）自主管理有利于促进学生的道德发展

我们的学生参与自主管理实践，在管理和被管理的过程中，学生其实在经历一个道德价值判断和道德品质塑造的一个过程。在这个过程中，学生经历了什么是好，什么是不好，什么是对，什么是不对的价值判断。这个管理的过程中，学生的道德品质和道德行为在进一步强化，有效地促进了个人的道德发展。如在2019年4月，我们开展的"自管会工作带给我的变化"的学生抽样调查中，有97.6%的同学认为在自管会工作中，自己的道德品质有了提高，改掉了许多毛病。

（二）自主管理有利于激发学生发展的内在动力

我们研究发现，学生参与学校及班级管理后，他们对学校、班级的责任感和荣誉感明显增强了。自主管理，给了他们展示能力和才华的机会，也给了他们认识自我的机会，唤醒了学生的归属感和主人翁意识。比如在我校的"自管会建立后班级的变化"抽样调查中，95%的班主任认为，自从自管会建立后，学生参与了各项管理工作，明显发现学生表现得更好了，学习劲头更足了，也更自信了。学生干部的变化也让班级发生了很大的变化，班级凝聚力增强了，班风变好了，班主任的管理工作明显变得轻松了。

（三）自主管理有利于学生个性社会化

学校和班级是社会的缩影，学生进入学校，走进班级，可以认为是他们离开家庭、走入社会的第一步。学生在学校、班级的生活，是他们日后迈入社会生活的准备。学生的自主管理是他们认识社会、适应社会的启蒙教育与初步训练。我们的实践研究证明：学生自主的管理比家庭教育获得更多、更具体，甚至更积极的社会信息。我校的学生，走进高一级学府后，大多都走上了学校或班级的管理岗位，这与他们在校期间培养的自我管理能力有很大关系。

（四）优化班级管理的效果

在传统的班级管理中，班主任往往倾向于把学校各种规章制度及规范强加给学生，强制学生接受，这很容易引起学生的反感甚至对抗，从而影响班级管理的效果。如何改变这种现状呢？小组的团队合作可为管理助一臂之力。团队合作是一种为达到既定目标所显现出来的自愿合作和协同努力的精神。它可以充分利用团队成员的所有资源，充分激发团队成员的才智，并且会自动地驱除所有不和谐和不公正现象，同时会给予那些诚心、大公无私的奉献者适当的回报。如果团队合作是出于自觉自愿时，它必将会产生一股强大而且持久的力量。

（五）实现自我教育的效果

学生自主管理是学生在教师的激励与指导下，自己处理日常生活与学习方面事物的管理模式。这种管理模式体现出了一种新型的学生观：把学生放在学校教育的主体位置，以学生发展为本，通过尊重、信任、引导和激励等影响作用，最大限度地激发学生的内在动力，为每个学生都提供表现自己个性和才能的机会。

综上所述，学生自主管理模式的提出是适应当前教育趋势发展需要的。通过学生的自主管理，可以打破传统的"我说你听，我管你服从"的以教师为主体的班级管理方式，将教师从繁杂的事务中解放出来，切实把学生放在主动发展的位置上来，让学生在学校、班级自主管理的活动中认识自己，发展自己，学会合作，学会组织，学会反省，学会约束，为将来走向社会打下坚实的基础。

学校自主德育模式充分体现了对学生人格的尊重，充分挖掘学生自主管理潜能，对过去僵化教条、说教式、警察式、保姆式的德育形态进行改革、创新，其成功的做法深受学生欢迎。这就是教育领域的科学发展观，并已成为北固中学一面鲜明的旗帜。

三自教育

第二节 自主管理机制的建构

管理是一项整体的育人工程。在自主管理中,学生既是管理的客体,更是管理的主体。要充分发挥学生自我管理、自主管理的积极作用,必须健全管理制度,完善管理机构,形成自我管理、自我教育的育人氛围。我们的"1241"学生自主管理模式的核心就是以人为本,尊重学生,信任学生,依靠学生,发展学生,把学生当作一个真正的人来教育,相信他们能够管理好自己,发展好自己。

一、自主管理的组织机构

建立和健全组织机构是自主管理的组织保证。为了培养学生的自我管理能力,我们从自主管理的组织建构、目标体系、策略路径、评价考核等四个方面着手,创新建构了一种适合我校实情的"1241"学生自主管理模式,即一套组织,两类目标,四项机制,一个体系。这种模式解决了自主管理"谁来管""管什么""怎么管""管得怎样"的问题。

(一)管理的组织建构——一套自管组织

自主教育能改变学生被动管理的局面,让学生由"他主"到"自主",由"他管"到"自管"。自主管理是一个系统工程,必须整体规划。为了精简机构,减少管理的中间环节,我校将"少大队""团委""学生会"进行整合,组建成我校"三位一体"的"学生自主管理委员会",简称"自管会"。这是我校学生自我管理的主要组织,在学校校长室相关负责人的领导下,实行分级管理,协调合作。自管会设校级自管会、年级自管会、班级自管会三个层级，自上而下，各自设岗，层级管理，形成了一个完整的、系统的学生管理组织。

（二）管理的目标体系——两个目标体系

管理目标既是管理工作的起点，也是管理工作的终点。对于学生的自主管理，我们以时间跨度，设立了两个目标：年段自主管理目标和一日自主管理目标。年段管理目标分低段、中段、高段。初中段设置，分别从学生"做人、做事、学习"三个方面九个点设置自管目标，内容涵盖学生个体成长的各个方面。一日自主管理目标，以学生在校的一日时间中的各个时间节点和场域的自主管理为内容。两个目标体系关注时间效度一长一短，场域一大一小，互为补充，形成了完整而科学的自主管理体系，为学生的自管提供了具体的目标，让管理有向、有度、可评、可测。例如，一二年级学生在"做人习惯"方面的行为管理要求就有"礼貌待人、诚实守信、自信自强"三个方面，各个方面又有具体的行为管理目标。

（三）管理的策略路径——四项运行机制

学生的自主管理有了组织架构，有了目标体系，接下来如何实施管理就显得尤为重要。经过实践研究，我们创新构建了学生自主管理的四项机制：三级自管制、三级助理制、三级监督制、三级研训制。四项机制，各自设制，管训一体，科学合理。

1. 三级自管制

传统德育管理模式中，教师管学生，教师工作量大不说，还存在许多的管理死角。我们采用学生三级自管制，即校级自管会管理年级自管会，年级自管会管理班级自管会，班级自管会管理学生个体，简单说，就是每一个上级自管组织负责下一级自管组织，各级自管组织分工明确，责任落实，既让更多学生在参与管理的过程中得到锻炼，又提升了学生管理的实效。

校级自管会。校级自管会设自管会主席和副主席各一名，主要负责自管会各方面工作的组织实施。校级自管会下面分设"八部一班"，即监察部、体育部、文艺部、礼仪部、学习部、安全部、宣传部、组织部、国旗班。各部均有部长一名及干事 4～5 名。我们对各部门进行了明确的分工。如：体育部主要组织开展学生的大课间操锻炼、体育竞技比赛；艺术部组织安排各类文艺活动，还要培训文艺活动骨干，并鼓励其参与校外各种演出活动；礼仪部全面负责有关学生学习生活的检查工作，如"卫生检查、两操检查、文明学生评选活动"等；安全部主要负责大型活动中的安全执勤和监管工作，检查安全值周同学的到岗到位及工作落实情况等；国旗班负责每周的升旗仪式、重大庆祝及纪念活动的升旗任务。

附：北固中学自管会干部职责★

北固中学自管会干部职责	
校长助理	协助校长处理学校学生工作
副校长助理	协助副校长处理学生工作
学生自主管理委员会主席	1. 实行学生自管会主席负责制，接受团委书记以及学校党总支的领导。 2. 学生自管会每学期要为学校的建设提供一份提案、一组金点子，组织策划一次大型活动，开展一次校级论坛，执行并优化一项小组管理改革，推广校园英语 100 句，评选一批感动北中的优秀学子，开展一次研究性学习，举行一次学习经验交流大会，转变一种不良风气，养成一种好习惯。这既是学生每期的工作目标，又是学生自管会的长期的任务导向，同时又是北中学生自管会的特色。 3. 在学校团委的领导下，全面负责组织学生自主管理委员会的各项工作，定期向团委汇报学生自主管理委员会的工作情况，虚心接受指导和帮助。组织召开学生自主管理委员会主席团会议、部长会议等。 4. 掌握各部门的工作情况并提出意见和要求，以保证工作的顺利展开，并做好相应的协调工作。 5. 全面主持学生自主管理委员会的工作，拟定和做出学生自主管理委员会的工作计划和总结。 6. 团结学生自主管理委员会的各部门、各成员，及时发现、解决存在的问题和工作矛盾，加强学生自主管理委员会的凝聚力，以利于工作顺利且有效地开展。

	北固中学自管会干部职责
学生自主管理委员会主席	7. 对内与各部成员保持沟通联系，带领学生干部去吸取兄弟学校的经验教训，以此促进学生自主管理委员会的完善和发展。 8. 统筹安排各部门一起完成学校各类活动的开展，落实、督促、检查工作情况。 9. 授权学生自主管理委员会副主席部分以及全部职权。
学生自主管理委员会副主席	1. 协助主席负责学生自主管理委员会工作，管理学生自主管理委员会的日常事务。 2. 行使分管职责，负责相关分管部门的指导工作。 3. 监督各部开展工作，督促各部做好工作总结，工作汇报。 4. 组织协调各部门一起完成学校各类活动的开展，落实、督促、检查工作情况。 5. 负责收集和整理各部在本职工作下对学校建设的各种意见和建议，起草制定成一份提案和金点子成果集。配合团队委组织，集中各部力量组织策划一次大型活动，开展一次校级论坛，执行并优化一项小组管理改革，推广校园英语100句，评选一批感动北中的优秀学子，开展一次研究性学习，举办一次学习经验交流大会，转变一种不良风气，养成一种好习惯。 6. 落实并实施分管协调各部门工作。
体育部长与干事	为提高全校同学的身体素质及体育技能，积极开展各项体育活动，丰富同学们的课余生活。协调配合各部门组织策划学校的大型活动等具体工作如下： 1. 组织开展好学生的激情早操锻炼。 2. 切合实际地开展各样球赛、体育竞技比赛和有关体育方面的活动选修课。 3. 选取拔优秀的运动员组成校田径队、篮球队、足球队等，鼓励队员们参加学校的比赛。 4. 校内大型活动期间，配合其他部门做好组织策划工作。 5. 积极主动地按方案落实、督查好学校运动会工作，并及时考核反馈情况。 6. 负责每周升旗仪式的组织和协调工作。
文艺部长与干事	该部门引导和组织全校同学的文化生活及文艺类活动，要求该部成员有一定文艺专长或组织活动的能力。组织、参与、评选学校的文艺大赛等。它以北中学生自主管理委员会雄厚的基层力量为后盾，举北中文化之冉冉大旗，旨在培养北中文化艺术氛围及丰富同学的校园生活，使学校富有更多层面，更多精彩。本部的主要职责如下： 1. 以提高广大师生的艺术修养，丰富课余文体生活为宗旨，组织、安排、

三自教育

	北固中学自管会干部职责
文艺部长与干事	检查各类文艺活动。 2. 负责组织学校的品牌德育活动和文艺比赛，活跃校园气氛，丰富校园生活。 3. 组织开展丰富多彩的有益于身心健康的文艺活动，负责组织、督查文艺比赛，积极组织迎新和欢送毕业生等文艺活动。 4. 与学生自主管理委员会体育部加强沟通与协作，配合完成其他工作。 5. 培训文艺活动骨干，并鼓励他们参与校外各种演出活动，搞好文艺普及工作和对外宣传工作。 6. 配合各部门，特别是校园电视台，搞好各类宣传、教育节目的录制。
礼仪部长与干事	全面负责有关学生学习生活的检查工作，包括：班级的清洁检查工作，组织收集、反映并帮助学生解决他们在生活中遇到的问题，组织开展促进良好生活环境的各种活动（如卫生检查、男女生节、两操检查、文明学生评选活动等）本部只要职责如下： 1. 主动关心同学的身心健康，为同学提供一些力所能及的服务工作。 2. 调查和了解学生生活中的不良习惯和风气，提出整改意见和建议，配合转变落实。 3. 检查学生的仪容仪表、着装、头饰等。 4. 成立并管埋学生礼仪队。 5. 参与学生"形象大使"的评选及管理。
学习部长与干事	学习部的本职工作包括"学习动车组"打造的宣传、示范、引导、检查。 1. 严抓学习纪律。根据学校的考勤制度，严把学习期间的常规检查考核关。 2. 举办具有北中特色的学习论坛和学习经验交流会，开展研究性学习活动。 3. 协助开展特色学月活动，及时反馈学生的情况，提出改善的意见和建议，并完成考核工作。 4. 加强师生之间的沟通与了解，做好"教"与"学"双方的信息反馈工作，配合我校教改的顺利进行。 5. 定时了解并解决学生学习上的问题，协助有关部门抓好学风建设，积极反映学生对学校教学、教育工作的要求和意见，并及时向课程处反馈。 6. 参与各学期学习优秀奖评定工作。

第二章 品行自治实现了学生自主发展的创造力

北固中学自管会干部职责	
组织部长与干事	1. 了解和掌握团委的组织情况,做好团员的管理工作。负责团员注册和组织情况统计,办理进步青年入团和超龄团员离团的工作。 2. 每两周开一次组织生活会,并按规定时间向团委组织部上交团委工作手册。 3. 负责给新团员发团徽、团员证等工作。 4. 负责全校学生的模范事迹和遵守纪律情况调查上报工作,建议团委给予相关学生表扬、奖励、批评或处分。 5. 定期对学生进行组织性、纪律性的检查工作。 6. 组织好"优秀团干""优秀团员"的评比工作。 7. 参与"感动北中优秀学子"活动的评选。
宣传部长与干事	学生自主管理委员会是对内、对外宣传北中的窗口。应通过多样的形式,如宣传板、海报、广播、校园电视台、校园网站等宣传学生自主管理委员会各部门的特色活动。宣传汇集全校学生对学校建设的可行性建议,并展开头脑风暴大比拼。宣传部也是学生自主管理委员会整体形象的设计者,着重于为学生自主管理委员会良好形象的树立,提出可行的细致且系统的设想,并对学生自主管理委员会其他各部门的活动从有效宣传的角度提出合理化的建议。要求该部门成员有一定书画功底或舞台设计能力,并能吃苦耐劳,积极进取。本部的主要职责如下: 1. 配合团委、学生自主管理委员会各部门组织的学生活动,以广播、电视台、校园网站、墙报、宣传橱窗、刊物等形式,做好大型活动、校园英语、校级论坛、研究性学习、学习交流会议及学习动车组改革工作的宣传,做好宣传教育工作,引导鼓励同学参加学生活动。 2. 负责学生自主管理委员会各项活动的宣传报道工作;举办各种具有一定思想性和教育意义的宣传活动,让学生转变不良作风,养成优良习惯。 3. 负责组织学生投稿,号召学生参加各种征文活动。 4. 及时将校内有关活动动态上报团委。
安全部长与干事	为提高全校同学安全意识,防止安全事故发生。协调配合各部门组织策划学校的大型活动等具体工作如下: 1. 督促各级段安全执勤。 2. 协助检查安全隐患。 3. 协调其他部门工作(大型活动中的安全执勤和监管工作)。 4. 上报学生出现的矛盾。 5. 检查安全值周同学的到岗到位及工作落实情况。

三自教育

北固中学自管会干部职责	
国旗班班长及干事	1. 行政楼前每周升降旗任务。 2. 在校内举行的各种主题升旗仪式上担任升降旗任务。 3. 在全校性庆典活动、大型文化活动中担任升降旗及值勤任务。 4. 通过升旗仪式等多种形式，宣传贯彻《中华人民共和国国旗法》，在广大学生中进行爱国主义教育。 5. 国旗班内部活动。 6. 校自管会派遣的其他任务。

年级自管会。年级自管会由年级组长和年级值周教师统领，主要负责年级学习、纪律、清洁卫生及两操等日常工作督促检查。年级自管会实行问题不过夜制度，坚持紧要问题当场解决、轻小问题当天解决的工作原则。

班级自管会。班级自管会设班级常委，由班长、学习委员、劳动委员、纪检委员、文艺委员、生活委员等组成，全面负责班级学生的日常事务。另外实行值日班长负责制。值日班长由学生轮流担任，依托班务日志，从全局规范管理班级事务。这样自上而下，层层设置，形成了一个分工明确、组织严密的学生自主管理体系。

（场景一）在晨读的时候，在美丽的校园中，在各个年级的楼层中，总会有三两个纤小的身影，穿梭在楼层的各个班级，他们手中拿着纸和笔，神情专注地观察着每个班级的同学。有同学早读不认真，他们在本子上做记号；清洁打扫不彻底的，他们给班长提个醒。个别玩手机的老师看到他们，也放下了手机；走廊聊天的老师看到他们，忙走进教室。他们，就是我们可爱的年级自管会小干部们！

（场景二）在校园的每一次庆祝活动中，最忙碌的就是我们的自管会干部。礼仪部在校门处走道的两旁，笑盈盈地接待着上级领导或家长；安全部的同学在操场上，维持着活动的纪律；文艺部同学准备着活动的主持、颁奖环节领导的引领、上台同学队伍的排列等工作；国旗班则早早换好军装待命，等待着升旗仪式庄严的音乐响起。你看，他们就是我们可爱的自管会干部们！

2. 三级助理制

学校即社会，学习即生活，为了让学生更多地参与到角色体验中，在老师的引导、帮助、协同之下，辅助师长开展相关的管理工作，我们设立了三级助理制，即设立校长、班主任、学科教师助理的制度。校长助理由自管会主席或副主席担任，各班班主任助理主要由值日班长担任，学科教师助理由班级学生轮流担任。三级助理制，对岗设置助理，点对点开展管理工作锻炼，有老师的一对一指导，学生的管理能力能得到快速的提升。

这样的设置，可以让学校领导借被教育者的眼睛及时了解到学校教学和管理工作的一些真实情况，并及时反馈到相关部门，更好地促进学校的管理工作。班主任助理和学科教师助理，可以协助班主任和学科老师及时了解班级和学科学习情况，特殊情况下，还可代为处理一些小事，这就给了班主任和学科老师更多的自主时间。

三级助理制使教师从苦力型、繁杂型和琐事型的工作风格向智慧型、大局型和研究型的工作风格转变，科学有效地运用现代管理理论，提高自身的管理水平，将自己从学校、班级琐碎的事务中解放出来，在减轻工作压力的同时，将更多的精力用于教学以及学生的人格培养和综合能力培养上，同时还应当与学生建立更为平等、亲密的关系。

（场景一）我校某校长出差几天后回校，助理去校长处汇报工作。近几天都在下雨，学生在室内进行课间操。校长想了解室内操开展情况，助理就把看到的情况一一汇报，其中，有班主任老师不到场的情况，个别班纪律还有问题。

（场景二）一天早上，初二（三）班的班主任冯老师刚到办公室，助理小张就面色凝重地走进来，低声说道："老师，今天午休时，有外校同学在小刚回家路上拦截他，说是要教训小刚，因为他好管闲事。"知道此情况后，老师及时询问了小刚事情原委，并与外校相应的班主任取得联系，及时化解了即将发生的纠纷。

三自教育

附：北固中学三级助理制实施细则 ★

北固中学三级助理制实施细则		
分类	助理干部	职责
校长助理	自管会主席	1. 根据学校工作计划，结合学生实际，创造性地制订学期工作计划，并提出具体实施措施。 2. 认真完成校行政处布置的工作，当好校长的助手。 3. 及时了解和掌握同学的思想、学习和生活情况，积极听取同学对学校工作的意见和建议，及时汇总并上报，发挥好桥梁作用。 4. 组织好同学的常规管理、常规活动和常规教育，实现同学的自主管理、自我发展。 5. 加强校长助理队伍的自身建设，健全以校长助理为首的学生自我管理队。 6. 健全各项规章制度，做好建档工作，坚持科学管理的原则。 7. 根据青年学生的特点，有针对性地组织开展丰富多彩的主题活动。 8. 加强自管会各部门相互间的协调与配合，形成工作合力。 9. 按时值班并做好值班记录。
班主任助理	值日班长	1. 做好班级常规工作，及时与班主任沟通协调。 2. 全面监督、协调值周班长、值日班长工作，提醒、监督、检查各部长和各课代表的工作。 3. 对于班级出现的问题，要联系班委会及时或利用下课时间，召开碰头会，解决、落实。无法处理的问题，通知任课老师或班主任。 4. 每周五下午放学后组织一次自主管理团队部长会议，总结上周工作情况，并确定下周的工作努力方向和重点，督促各部提高工作所遵循的标准。 5. 每周周日晚对下周的值周和值日班长进行培训，确定每日工作的流程和标准，并反复督促班级每日工作有序进行。 6. 每天督促自主管理团队和值日班长，并督促值日班长写好班级日志。 7. 及时向班主任反馈班级存在问题和学生学习生活存在的问题。
学科助理	班级学生	1. 当好任课教师的助手，做好课前课后的服务工作。 2. 收发本学科作业。 3. 了解同学们对本学科的学习态度及作业完成情况，及时向学习委员、任课教师和班主任反映相关情况。 4. 积极主动地为本学科的学习出谋划策，提高同学们的学习兴趣，扩大知识面。

第二章 品行自治实现了学生自主发展的创造力

3. 三级监督制

监督是对工作实施过程或某个环节的监视、督促和管理，使其达到预定目标。我校三级监督制即设立校级文明监督岗、年级文明监督岗、班级文明监督岗的制度。自上而下，层层监督，是对学生下课和上放学时段的文明表现进行的定点监督工作。文明行为需要外化内生，最后成为一种自觉行为。监督岗很好地促进了这个转化过程，并提升了管理工作的效能。

校级监督岗主要由监察部成员负责，负责监督各年级监督岗课间楼层到岗监督检查情况；年级监督岗则负责检查本年级各班级学生楼层值守情况；班级监督岗则负责各班在固定地点监督学生文明言行的工作，也包括上放学时段的校园执勤工作。

三级监督制，让学生的品行自治由"他治—自治"，从而"外化—内生"，最终实现自治水平及能力的提升。三级监督制，有利于学生文明言行的养成，有利于学生养成良好的文明习惯，有利于文明校园的建设。

（场景一）在我校的课间，在各楼层走廊的两边位置，总挺立着三四个小小的身影，他们是班级楼层监督员。他们目光如炬，严肃认真地注视着过往的同学。在他们的监督下，以前喧嚣的阳台渐渐安静，追逐的身影没了踪迹。校园里，少了一份浮躁，多了一份安静。

（场景二）在学校上学或放学时段，总有两列共计20余名同学站立在校园大门处走道的两旁，他们戴着工作牌，一丝不苟地值守在自己的岗位，维护着上放学的纪律。那些不文明的现象在他们的监督下全部销声匿迹了。他们就是可爱的班级监督员。

4. 三级培训制

人是管理工作的关键要素，决定着管理的质量和水平。我们重视学生自管干部的培养，坚持三级培训制，即校级自管干部培训、年级自管干部培训、班级自管干部培训制度。我们坚持"岗前训""岗中导""岗后研"的原则，让每位自管干部持证上岗，知责任，明任务，懂方法，增效力，最终实现管理能力的提升。

（四）管理的评价考核——一套评价体系

科学的评价体系，对学生自主管理工作至关重要。我们科学建构评价体系，注重评价的全面性、动态性、多元性。学生自主管理评价体系包括个体、班级、年级、和校级自主管理评价四个方面，各方面评价制度均采用自评和他评相结合的方式。通过评价，我们进一步检验管理效果，诊断管理的问题，调控管理的进程，激励师生参与管理的热情，以推动整个学生自管工作高质量地开展。

德育"1241"学生自主管理模式，充分激发了学生管理的热情和兴趣，锻炼了学生的管理能力，培养了学生的主体意识和道德责任感，为学生的个体发展打下了坚实的基础。德育"1241"学生自主管理模式，为学生的自主管理能力培养提供了一个切实有效的抓手和路径。

二、自主管理意识的培养

学生自主管理要有一个良好的氛围。学校通过每周升旗仪式的国旗下讲话、主题班会课、志愿服务、文化艺术节等各种活动形式，使全校师生达成共识：营造良好的校园氛围。这是学生自主管理的基础，也有助于学生自我管理意识的培养。

（一）主人意识

主人意识使学生牢记自己是班级的主人，学校的主人，学习的主人，成长的主人。

（二）民主意识

民主意识使学生明白自己对班级和学校事物有话语权、监督权、决定权、管理权。

（三）责任意识

责任意识使学生懂得自己要对自己的行为负责，对小组负责，对班级负责，对学校负责，进而实现对社会负责。

（四）荣誉意识

荣誉意识使学生愿意为小组添荣誉，为班级争光彩，为学校树形象。

三、自主管理的特征

教育的本质是激发学生的主体意识和内在动力。自主是指不受他人或外在条件的制约，能够保持一定的独立、自由，并从自我出发，主动地做出决定并自我负责的意志和行为管理，是管理者为了有效地实现组织目标、个人发展和社会责任，运用管理职能进行协调的过程。学生的自主性是学生能力、品质、特性等综合素养的体现。学生获得自主性，才有了真正的自由，他的主体特征和自我发展才得以体现。学生的自主性有以下特征：

（一）求真性

求真和本真是西方哲学常用的术语，指真实的自我及思想和行动的一致性。求真性表现在主体自我的心智层面，即主体的情感、认识、意识等由主体内在产生而非受他人控制。学生作为独立的个体，其自我求真性体现为运用心智进行积极的思考和理性的判断，处理自我的需求及保持与他人的关系。

（二）独立性

独立性意味着主体具有主观能动性，在思想和行动上独立于外物，在与周围环境发生相互作用时，能保持自身的相对独立性，并能自觉地对外部世界进行改造、建构，从而做到自我控制、自我选择、自我决定、自我组织和自我调节等。自我的行动表现在主体受到外部思想的影响，而这些思想是经过主体深思熟虑后自愿接受的，并与主体价值观一致。在学校的学习中，自我独立性要求学生在学习的各个方面和整个过程中尽可能地摆脱对教师或对其他人的依赖，由自己做出选择，独立地开展学习活动，并能进行批判性反思。

（三）认同性

认同是西方哲学的一个重要而复杂的概念，比如笛卡儿提出的"我思故我在"是自我认同的根源。安东尼·吉登斯把自我认同解释为"个人依据其个人经历所形成的，作为反思性理解的自我"。自我通过对自身身份的思考、识别和确认，使主体获得自我意识，自我控制和支配自己的精神活动。自我认识是学生发挥自主性和实现自我发展的重要动力，自我认同，学会欣赏自己，有自知之明，才能进行独立的思考，才能发挥自我创造力。对于学生来说，自我认同高的学生自主意识强，敢于面对困难，勇于接受挑战，善于调控自我情绪。

新课程改革强调，将培养学生的创新意识和实践能力作为教育的基本理念。创新意识和实践能力的前提是学生自主性的发挥。学生在释放自我潜能、张扬个性的同时，要学会自我管理，提升自主管理的能力。

四、自主管理评价机制的构建

学生自主管理评价是提高管理水平的有效途径，是提高学生参与自主管理积极性的措施，是确保这种管理能持续推进的保证。我们明确了学生自主管理评价的目的，确定了评价内容，不断完善评价方法，规范评价的程序，正式地呈现评价结果，使评价公平、公正，达成管理评价的目的，全面促进学生自主管理的实施。完整的评价体系建设是我校的学生自主管理工作最终取得成功的保证。

学校根据实际情况，制定了一系列对班级管理、班主任管理等的考核制度。通过考评项目的细分化和设置的科学化，及时有效地进行激励评价，使学生通过行为规范的养成，培养学生的自律能力，养成良好的道德习惯。

（一）班主任工作考核条例

班级是学校教育管理的基层组织，班主任是班级工作的具体组织者、教育者和指导者。班主任工作是学校教育、教学任务得以顺利完成的极为重要的一环。制定班主任量化考核实施细则，有利于加强学校内部管理，增强班主任工作的责任心，提高班级管理成效。

附：北固初级中学校班主任工作考核条例（要点）★

北固初级中学校班主任工作考核条例（要点）

为鼓励全体班主任切实做好管理育人工作，努力提高水平，根据学校特色发展要求，特制定《北固初级中学校班主任工作考核条例》：

（一）"文明班级"评比

（二）《班主任手册》记载情况

（三）表册上交情况

（四）班主任会议出席情况

（五）班团课情况

（六）课间操管理情况

（七）班主任工作测评情况

（八）考场清场（包括大扫除）情况

（九）"德育导师"工作情况

（十）奖励加分

1. 为学校挑重担，根据学校工作安排，乐于中途接班的，接班的第一学期学校给予奖励分，基本分奖2分，进步分奖0.5~2分（接班后班级"文明班级"考核成绩与接班前一学期比较，进步1~3名奖0.5分；进步4~6名奖1分；进步7~9名奖1.5分；进步10~12名奖2分）。

2. 接收中途转入学生时，如学校发现为后进生（品德行为方面有突出问题），每人次奖1分管理分。（接收时由德育处了解情况，如进来时未发现问题，半月内发现学生问题严重，由班主任提供材料交学生处审核认定）

3. 班主任工作有创造性，班集体建设有特色、成效显著者，经行政会议讨论决定奖1~3分。

4. 特色班级创建卓有成效、有影响、有经验介绍的，经考核奖1~3分。

5. 关心学校建设，对学校管理及班级管理提出合理建议，经采纳实施成效显著者，奖 1~3 分。

6. 年级组黑板报工作落实到位，指导有力的，根据德育处检查情况奖分。

(十一) 处罚扣分

1. 班级中如在本学期因班主任教育工作欠妥或错误造成流生的，则每人次扣 3 分。

2. 班级中学生正常转学不扣分，如因班主任工作失误或工作方法简单粗糙而造成学生被迫转学的，视其产生的影响而定，每人次扣 1~3 分。

3. 班级中本学期如有违法犯罪现象及出现重大安全事故的，视其情况扣 1~3 分。

4. 教育工作中有歧视差生、体罚学生现象的视情况扣 2~5 分。

5. 思想工作方法简单粗暴，学生家长意见强烈的，根据情况扣 3~5 分。

6. 工作态度差，扣 2~5 分。

7. 班级管理不力，出现乱班差班的，扣 1~5 分。

8. 对学校临时分配的工作完成较差的，各扣 1~3 分。

9. 隐瞒班级中严重违纪情况及重大事故的，扣 5~20 分。

10. 对学生中旷课、逃学情况不及时汇报，处理欠妥造成教育失误的，视情况扣 5~20 分。

(二) 副班主任工作考核条例

班主任是班集体的组织者、教育者和指导者，是学校领导者实施教育教学工作计划的得力助手。为进一步加强学校德育工作，提高年轻教师的教育教学素质，同时为了优化班主任的队伍结构，形成较为有效的班主任队伍后备力量培养机制，充分发挥副班主任在教育管理和指导学生学习、生活中的作用，使副班主任在实际工作中职责更加明确，定位更加清晰，以最大限度发挥自己的价值，提高我校人才培养质量和学生管理工作水平，根据学校有关精神，结合实践经验，特制定副班主任工作考核条例。

附：北固初级中学校副班主任工作考核条例（摘要）★
北固初级中学校副班主任工作考核条例（摘要）

一、"副班主任"概念：

"副班主任"，是指在班级管理中协助正班主任，做好本班学生的思想教育、常规管理、活动组织等各项工作的教师。

二、设置"副班主任"岗位的重要性：

1. 是学校"大德育"格局发展的必然要求；
2. 是促进班主任专业化的有效形式和载体；
3. 有利于改善"一班一班主任制"格局，并发挥更大的作用；
4. 是作为各类评优及职称评定的重要依据。

三、"副班主任"的具体职责：

（一）班级管理

协助班主任开展学生思想教育和安全管理工作；学校组织开展早会、升旗仪式、大课间体育活动、运动会以及艺术节等各类大型集会活动时，协助正班主任组织、管理本班学生和处理突发事件。

（二）家校联系

协助正班主任开展家校交流活动，共同参与家校联系。

四、"副班主任"的考核办法

（一）副班主任常规工作考核由学校德育处全面负责，采用得"%"比的方法进行考核。

（二）考核流程：a.副班主任进行自评；b.所带班级班主任评估；c.学校德育处根据参与活动组织管理考核、班务日志、学生调查问卷等形式进行综合评估。

考核内容及评"%"标准（学月考核制）：

考核内容	占比	要求	评"%"标准
思想教育	10%	能密切配合班主任做好学生的思想品德教育工作,每学期独立主持1~2次主题班会课	每少上一节减5%

三自教育

考核内容	占比	要求	评"%"标准
组织活动	10%	学校组织学生各类校内活动、社会实践、大扫除等大型活动时，能与班主任共同组织管理	无故迟到或早退一次减2%，无故缺席一次减5%
日常管理	15%	协助班主任抓好班级管理工作，如遇班主任外出学习或请假需要代理时，尽力代替班主任认真履行班主任职责	积极主动参与者得15%，无正当理由不得推脱，否则不得分
社会实践	5%	团队组织的社会实践活动都积极参与。与班主任一起保护好学生的人身安全	全员参与者得5%，每少一次减1%
大课间活动	5%	协助班主任组织管理好大课间活动	积极主动，认真负责，做好记录，得20%。效果不好的记0分
自主管理	5%	协助班主任组织管理好大课间活动	无故每少带一次减1%
安全工作	25%	协助班主任认真抓好安全工作，做好副班主任工作日志	积极主动，认真负责，做好记录，得25%。出现安全事故的，不得分
家校联系	10%	经常与学生家长进行沟通，每学期不得低于2户	每少联系一户减2%
班主任工作手册		"主题班会活动"项——"班主任安全工作总结"项为必填项，按记录表的说明填写	

（三）班级自主管理考核细则

学生良好行为习惯的养成，关键还要靠他们自己，因为学生是自我锻炼、自我教育的主体。所以，班级的规章制度应当通过民主决策，制定适合班情、学生年龄特征的班纪、组规。如《班级量化考核细则》《小组合作学习节评价》《小组合作学习日评价》《星级学生晋级统计表》《星级评价晋级细则》等。引导他们独立解决班级自主管理中的一些问题，不断肯定学生的成绩和进步，增强他们学习、生活习惯养成的自信心。

第三节　学生自主管理实践

最有效的管理是让学生成为管理的主人。我校创新建构了一种适合我校实情的特色德育管理模式，即"1241"学生自主管理模式，实践自主管理，有利于调动学生的积极性，激发学生的内在动力，变学校对学生的管理为学生主动的自我成长实践。

学生"自主意识"的形成是提高自我管理、自我教育、自我提高能力的基础。通过长期的实践，我校学生已形成良好的"自主意识"和"自主发展"氛围，真正成为学校的"主人"，明确"主人"的义务与责任。通过全体师生的努力，自主管理取得了很好的效果。

一、学生自管会的自主管理

我校充分发挥学生干部、优秀学生等学生组织的自我管理的作用。班委会在班级管理中充分发挥作用，不仅仅组织学生开展课余文体活动，还参与到学校各项管理工作中去，为广大同学服务。从学校的日常教育管理行为来说，学校自主管理分为三个层面来实施：第一个层面是学生个人的自我教育管理，第二个层面是班级的自主教育管理，第三个层面是学校、年级组和全体学生的自主教育管理。

学生自主管理"品行自治"的"1241"学生自主管理模式下的值周班级和文明岗，体现了学生自主管理能力。

三自教育

附：

<table>
<tr><td colspan="4" align="center">北固中学学生自主管理模式</td></tr>
<tr><td>管理目标</td><td>管理机制</td><td>管理方法</td><td>管理成效</td></tr>
<tr><td rowspan="3">学校管理</td><td rowspan="3">自管会</td><td>检查各班一日常规，量化赋分</td><td rowspan="3">产生文明班集体</td></tr>
<tr><td>红领巾广播站广播</td></tr>
<tr><td>文明监督岗工作</td></tr>
<tr><td rowspan="2">班级管理</td><td rowspan="2">值日班长
+
班委会</td><td>按班规负责一日班级常规工作</td><td rowspan="5">产生文明学生</td></tr>
<tr><td>填写班级日志，做好管理记载</td></tr>
<tr><td rowspan="3">值日班长
+
班委会</td><td rowspan="3">学生个人</td><td>激励卡在日常的运用</td></tr>
<tr><td>学生周成长轨迹设定及评价</td></tr>
<tr><td>学生周记，有针对性地改进小起点小目标</td></tr>
</table>

（一）值周班级制度

为进一步建立良好的教学秩序，树立良好的校风、班风、学风，完善学校管理体制，培养学生自立、自主和自我管理的能力，我校实行了值周班级制度。

1. 校门口执勤

（1）时间：小学部执勤时间2次：中午1：45—2：10；下午5：15至小学生走完；初中部执勤时间3次：早上7：15—7：40；中午放学11：45至学生走完。下午6：05至初中生走完。（具体视作息时间定）

（2）人员：每天14人，全部站在学校门口两侧固定站点，包括校门外2名、校门口打卡机旁2名、银杏大道8名。

（3）着装：执勤期间必须穿校服，少先队员佩戴红领巾，团员佩戴团徽，并佩戴执勤牌。

（4）监督内容：检查各班上学及放学路队情况；学生骑车进出校门情况、学生校服穿着及标志佩戴情况和在校学生违纪出校门情况。

2. 课间及中午纪律、仪表检查

（1）检查时间：上午或下午抽查课间纪律；13：30—14：00之间检

查纪律和仪表。

（2）检查人员：每班12人，共分4组，每组3人，各组1人任组长。检查以楼栋为单位（教学楼一共四栋）。值勤人员统一佩戴执勤牌。

（3）交接工作

交接时间：每周周五放学前。

交接内容：移交有关记载表册和执勤牌。

（4）注意事项

①班主任必须选派素质过硬、工作负责的同学任检查人员。

②值周班级有关负责人必须在检查当天及时公布检查结果且填写有关数据时，书写要认真、字迹清楚、端正，不涂改。

③值周班级班长在值周完毕后，应及时将有关检查和统计材料上交自管会。

（5）值周班级评价标准

值周班级值周期间，有未到岗、表格未交现象的值勤人员，直接评定为不合格，有多处错误、总分未合计、表格填写不规范、缺岗、到岗但未将执勤牌按规定统一佩戴等情况的执勤人员，评定为合格，无以上情况的，可评定为优。

（二）文明监督岗制度

为倡导文明礼仪之风，形成优良的校风、校貌，维护学校的良好形象，学校制定文明岗制度，让"文明岗"成为学校文明的窗口，展示学校的风采。

1. 负责每日校安全监督和报告

一旦发现同学中的不安全行为，如攀爬栏杆、攀爬文化长廊、在舞台上蹿下跳等做各种危险动作，要及时阻止；同学之间起争执闹矛盾，要及时制止。如有不听劝告，值勤学生者应及时报告值周领导、老师、大队辅导员，以对其进行教育。

2. 负责校园内卫生监督工作

对于校园内清洁区卫生保持较差的班集体，有权提出整改意见并监督；

对那些乱扔乱丢果皮纸屑的同学,及时制止,对不听劝告者进行信息记录。

3. 负责校园内的课间活动的纪律监管

对于课间活动的校园纪律进行监督,负责监督、维持所负责区域内的同学的秩序、纪律;提醒同学及时回到班上,不要在操场逗留,对不听劝告者进行信息记录。

4. 负责校园内仪表监督工作

看是否有不佩戴红领巾、不佩戴团徽、不穿校服的同学,提醒及批评说脏话、骂人的同学,并进行登记,屡教不改者将在周一升旗仪式上点名批评。

二、基于班级管理机制的实践

我校在"三自教育"的教改背景下,以满足学生发展需求为中心,以学生自主发展为导向,要求学生成为班级管理的主人,特别是在丰富多彩的班级活动中应充分发挥学生的主体作用,使他们的身心得到锻炼,个性得到展现。为此,我校近年来主要研究如何实现学生对班级的自主管理,在班主任的指导下,依靠班级主体自身的力量进行制定班级公约、实行值日班长制度、选拔学生干部、建设优良班风、组织班级活动、处理日常班务等方面的自主管理。

班级自主管理是学生自主管理的重点,有效的班级管理方式是维护学校秩序、保证教学质量、实现教书育人的基本保障。

(一)从"班规"到"班级公约"

"班规"是外加的,不是内生的,而"班级公约"是学生通过民主方式形成的约定,所以从"班规"到"班级公约"是班级制度建设的进步。学生是管理的主体。他们需要被尊重,特别是21世纪的学生,他们有着较强的自主意识,对命令主义和包办代替极容易产生逆反心理,从而进行消极抵制。"班级自主管理模式"则是以班级为教育教学管理的基本单位,通过班主任的有效组织，放大班级管理的功能，实现班级的"自主"管理，以充分发挥班级学生的主体参与性而形成的相对稳定的班级管理工作模式，让学生在自我管理中健康快乐地成长。

班主任引导学生使班规书面化，指导学生根据《中学生守则》《中学生日常行为规范》，制定一整套系统科学、全面可行的班级制度。这套制度涵盖了课堂、课间、作业、仪表、卫生等各方面，使班级管理目标、活动、评价、反馈等方面有章可循，避免了班级自主管理中的盲目性和随意性，实现了班级事务组织、管理、教育的规范化、自主化。

班规的一个重要意义在于为所有成员指定一个最佳行为准则，这个准则是最大化学习和生活质量的，也是促进学生自律的有效保障。例如，值日班长一日一轮换，每天早上到校第一件事是先交作业，然后再早读，课代表早7：30带读，午休时必须安静，放学时必须先总结等。这样，一段时间以后，班级各方面的工作就会形成一种模式，就算班主任不在，在班干部的管理下，班级也会井然有序。为了将班规确立下来，我们还组织学生签名，承诺遵守班规。以我校七年级2班为例：班规的制定主要经历了以下过程：（1）集思广益阶段。班主任王东林老师根据《中学生在校一日常规》和《中小学生守则》给了学生九个方面的选题，分别是"上课、课间、自习、两操、体育课、作业、卫生、仪表、公物"，请每个学生写出自己的具体意见。（2）小组讨论阶段。小组内融合，达成一致，整理一份组稿。（3）班主任+班委会+组长讨论。集中班内多数人的智慧形成全班统一意见，最终形成"七（2）班班规"。

（二）利用班务日志规范管理班级

值日班长不能流于形式，要值出效果。在民主选举班委会的基础上，实行值日班长制。全员参与，轮流值日，增强学生的主人翁意识。值日班长值日当天，主要任务是按班规检查同学的言行、仪表、卫生情况。并且要如实记入班级日志。

无论是班主任主导下的班级管理还是学生自主的班级管理，都会遇到

三自教育

一个问题,那就是容易顾此失彼。常常是出了问题再去解决,班级管理效率低,很难达到预期效果。于是我们启用班级自主管理手册——班务日志,引导学生开展班级管理。班务日志的设计以学校的作息时间为主线,规定值日班长在什么时间干什么事;还根据管理需要设计了表格,包括作业完成情况登记表与班务日志表;两个表格分别印在一张纸的正反面,每天一张,每周最后一天将表格纸装订成册,指引学生干部进行班级管理。这样做,规范了班级管理行为,有效地避免了班级管理的随意性。

有了班务日志,值日班长按照规定进行各项工作的督促、检查与登记,指导班委会开展班级日常管理工作。管理工作规范有序、精细到位,避免了遗漏,减小了随意性,提高了规范性。

值日班长每天认真填写班务日志,实际上相当于建立了一个班级管理大数据库。班主任每天阅读当天的班务日志,了解班级管理与班级发展情况,发现问题并及时解决问题,从而确保班级又快又好地发展。

三、强化自我教育手段,让学生在自我服务中培养个性

学生自主管理"品行自治"的"1241"学生自主管理模式要求在德育过程中始终把学生作为主体来看待,而不是把学生简单地看成是被动接受者,应让学生自觉地,积极地参加德育教育。在德育过程中,充分发挥学生的主动性、自主性、创造性。为此,我们在德育实践中,应确保"服务意识"贯穿德育的始终,以创设服务式文化氛围和学生自我服务行动的开展进一步优化他们的个性。

(一)组织自我生活服务活动

在学生自管会组织下,学生成立自我服务机构"青年志愿队",以"服务同学,发展自我"为宗旨,以"自我管理,自我服务,自我锻炼"为主要目标,在日常学习生活中以及校运会、科技艺术节等重大活动中,积极为广大师生提供服务。

附：北固中学"致敬退伍军人，传承红色基因"志愿服务项目★
"致敬退伍军人，传承红色基因"志愿服务项目

项目名称："致敬退伍军人，传承红色基因"志愿服务项目

开展项目的时间：2021年6月

参与项目的志愿者人数：68人

项目单位：遂宁经济开发区北固初级中学校

项目负责人：夏锐敏

项目概述及项目成效：

该项目活动由北固初级中学校志愿服务队参与并负责，该校志愿队自2017年成立以来，已有志愿者2 000余人。铭记光辉历程，践行青春使命。在中国共产党建党100周年之际，为深化党史学习教育实践活动，引领共青团员、少先队员学党史，悟精神，高举旗帜跟党走，2021年6月11日，遂宁经开区北固初级中学校志愿服务队走进遂宁市船山区光荣院，开展"致敬退伍军人，传承红色基因"关爱慰问老兵志愿服务活动。

北固学子为退伍军人带去了精彩的文艺汇演。舞蹈《彩虹的微笑》表达出孩子们对革命英雄的感谢与崇敬。葫芦丝演奏《月光下的凤尾竹》，表达了孩子们对党的赞美和歌颂，坚定了孩子们努力学习、永跟党走的决心。诗朗诵《少年强》让时间回到了那个波澜壮阔、热血沸腾的年代，正是一代又一代的共产党人抛头颅、洒热血，才有了我们崭新的中国。衡佳妮同学带来的演讲"党史立新筑梦韶华"告诫我们要牢记历史，传承红色基因，为实现中华民族伟大复兴、全面建设社会主义现代化国家时刻准备着。经典诵读"中国力量，中国精神"表明了虽年少，但红色的种子已萌芽，虽稚嫩，但远大的革命理想已坚定！台上的孩子们天真活泼、歌声甜美、表演认真，台下的观众和着音乐节拍一同鼓掌。现场歌声、掌声、欢笑声融为一体。

文艺汇演结束后，志愿服务者们为市光荣院打扫庭院，清除杂草，整

三自教育

理床铺，擦拭门窗；了解老兵们的日常饮食起居和身体状况，聆听他们讲述烽火岁月中的感人故事，向老兵们致敬并为他们送上祝福。参加抗美援朝战争的杨爷爷对孩子们叮嘱道："要为国家富强而读书，不管以后有多大的成就，都不能忘记初心，要成为国家的栋梁之材。"

通过本次活动，红色的种子已在孩子们心中萌芽，远大的理想已在孩子们心中树立。北中志愿者们纷纷表示，要不忘历史，珍惜今天来之不易的幸福；努力学习，做一个对祖国有用的人才。

(二) 组织自我心理服务——朋辈心理辅导

我校在校心理辅导室老师的具体指导下组建了一支朋辈辅导员队伍，他们的主要工作是：在班级中协助班主任老师做好心理辅导工作，维持课堂纪律，营造良好的学习氛围。与专业心理咨询相比，朋辈辅导具有自发性、义务性、亲情性、友谊性和简便有效性等特点。在学生之间开展朋辈心理辅导，既是开展学生自我服务的一种形式，更是调整学生心理状态并优化个性发展的重要途径。

附：团辅心理课案例《同舟共济，齐心协力》★
同舟共济，齐心协力

——团体心理辅导活动

众，常组词为"众人"，寓意人多，也意味着人与人之间是联系、合作的，故又有"众志成城"之说，比喻团结一致必能获得成功。如何让人际交往的合作发挥最大力量呢？快快来体验"同舟共济"游戏吧！

一、活动目的

1. 培养团队成员之间的相互信任、相互鼓励与支持。
2. 培养学生协作解决问题的能力，强化学生对团队精神的理解与感悟。

二、活动主题

同舟共济，齐心协力。

三、活动对象

全体团员、学生自管会全体干部。

四、活动时间

2020年10月29日15∶00—16∶00。

五、活动道具

普通报纸若干张。

六、活动过程

1. 根据现场的报纸数将全体学生分成相应数目的竞争小组,每组人数不少于8人,每个小组分得一张报纸。

2. 小组成员全体站到报纸上,哪个小组站的时间最长,即为获胜。

3. 挑战难度升级:将报纸对折(报纸对折次数由教师自主决定),同一时间内,哪个小组站到报纸上的人最多,即为获胜。

七、活动思考

1. 小组成员怎样达到动作一致,出色地完成任务?

2. 好主意是怎么产生的?

3. 本次游戏中,你最大的收获是什么?

金点子最棒的人际合作有什么诀窍呢?

(1)共同目标

团队成员要心往一处想,劲儿往一处使,共同目标就是凝聚团队心思与力量的,有了目标,做事才会更有计划性;有了目标,做事才会更有效率;有了目标,做事才会更积极。

(2)相互信任与尊重

信任是联结友谊的纽带,尊重是彼此间相处共事的基础。虽然有时一个人就能解决眼前的所有事情,但是也不要大包大揽,要相信同伴具备某些能力,甚至更优秀。

(3)充分沟通

同在一个小组的成员之间会存在某些差异,知识、能力、经历造成他们在对待和处理事情时,会产生不同的想法。交流是协调的开始,把自己的想法说出来,听对方的想法。遇到问题时,小组成员可以说这样一句话:"这事该怎么办?我们想听听你的看法。"

三自教育

（4）取长补短

人无完人，任何人都有"短"，这时就要做到取长补短。取长补短不仅仅针对个人，还可以运用到团队合作中，学会运用各组员的优势，那么，无论面对何种难题，都能用最合适的方法加以解决。

八、温馨提示

1. 教师事先估计一张报纸上能站上去的极限人数，小组人数不少于这个数。

2. 游戏过程注意安全，防止学生跌倒。

3. 合理的做法是先选出两个人作为重心，其余的人上去时要注意保持平衡，当报纸表面站不下时，通过背、挂、拉等保持平衡的手段，增加站在报纸上的人数。

（三）榜样示范生教育

每月的"文明之星"评比，总能出现不少新面孔，他们和"老明星"们一起，最终以胸怀宽广、为人诚恳、兴趣广泛、学习努力、成绩优秀、言行一致、工作主动、办事公正等优良作风赢得全班学生的尊重。这些示范群体是学生自我发展道路上的引路人，他们的示范作用、辐射作用在全校往往能产生深远的影响。

近三年来，我校每年有近50名学生获得市区"优秀干部""优秀学生""时代好少年""德育小标兵"等荣誉称号，在市区组织的各种展示活动、志愿者活动中，我校学生因思想素质高、行为习惯好，多次获得市区领导、上级部门的表扬。

附：遂宁市新时代好少年候选人王邦洁★

王邦洁是我校小学2017级4班的学生，他是一个性格开朗，学习刻苦，聪慧机敏的阳光男孩，他担任班级的体育委员，也是少先队大队委学生干部，工作积极认真负责，按时按质完成老师交给的各项任务，他爱党爱国、孝老爱亲、助人为乐、热爱劳动、保护环境，具有新时代少年乐观进取，向善向上的优秀品质。

一、尊敬长辈、孝顺父母

王邦洁从小就养成了自己的事自己做的好习惯,二年级时就会洗衣服,三年级时就会煮饭,在完成自己的作业后,还主动帮长辈做事,为父母分担家务。例如给爸爸妈妈洗衣服,陪奶奶洗碗,为爷爷捶背、泡茶,晚上他还会给妈妈端去一盆热水,为妈妈洗脚,一双小手抚摸着妈妈的脚,说:"妈妈,你为我和二妹操劳着,辛苦了"。这体贴的话语顿时让妈妈感动得流泪。

二、乐于助人、具有爱心

传递正能量,助人为乐。在学校,王邦洁有一颗真诚的爱心,对于有困难的同学,他总是主动伸出援助的小手。有同学忘了带上课要用的学习用具,他总是豪爽地拿出自己心爱的文具借给他们;有同学遇到难以解决的问题,他总是热心帮助,不计个人得失。班上的小涛同学经常和他一起上学,放学一起回家,小涛经常忘记带公交卡,每次王邦洁都主动帮他刷公交卡。在公交车上,只要遇到老爷爷、老奶奶或抱小孩的叔叔阿姨,邦洁都会主动让座;碰到衣衫褴褛的老人,还会主动为其投币。有一次,王邦洁和他爸爸妈妈去灵泉游玩,路边有一位手脚残废的老人,趴在地上乞讨,他走上去,把身上仅有的二十元零花钱全部给了那位残疾老人。每年的扶贫日,他在捐款活动中表现得尤为突出,班级捐款有他的份,父母单位捐款,他也要把自己的零花钱捐一点出来。2020年暴发了新冠疫情,王邦洁的爸爸作为一名共产党党员,要捐款,他听说了这事也要捐出自己的零花钱,还说长大了也要加入中国共产党。

三、热爱劳动、保护环境

他劳动积极肯干,脏活累活总是抢在前面,从不惜力。有一次,学校组织除草劳动。顶着火辣辣的太阳,同学们干了一会儿就无精打采地磨洋工了,他一看,急了,于是一把拿起镰刀,自己使劲儿地割起草来,同学们在他的鼓舞下也纷纷行动起来,提前完成了除草任务。王邦洁不但爱劳动,还很注意环保,不管是在校内还是校外,他看见地上有垃圾,总会主动地拾起来扔进垃圾桶里,从不踩踏草坪,不攀折花木,节水节电,经常

三自教育

劝告亲友不在公共场合吸烟，提议妈妈把废报纸杂志收起来卖掉，并把电池集中回收，不随便乱扔，号召同学们双面用纸，从小养成垃圾分类的好习惯。

少年强则国强，少年智则国智，他是一位德、智、体、美、劳全面发展的活泼开朗的小男孩，他将不断进取，努力完善自己，争取成为更加完美的新时代好少年，他就是王邦洁。

附：北固中学2020年上期"美德少年"评选活动实施方案★

北固中学2020年上期"美德少年"评选活动

实施方案

一、指导思想

坚持以党的十九大重要思想为指导，充分领会习近平总书记的讲话精神，以建设社会主义核心价值体系为根本，以加强未成年人道德素质建设为重点，深入开展"中国梦·我的梦""学会感恩，与爱同行""做一个有道德的人"的主题教育实践活动。

我校积极响应市精神文明办的号召，通过"美德少年"评选，用身边的典型模范引导他们从自己做起、从身边小事做起，孝敬父母、尊敬师长、礼待他人，培育"心向党、爱劳动、有礼貌"的良好风尚，推进未成年人思想道德建设深入发展，为实现伟大中国梦而营造良好的校园氛围。我校将继续坚持开展"美德少年"评选活动。

二、评选对象

全校1—9年级学生。

三、评选内容及标准

1. 奖项：

根据上级文件精神，设立"尊老爱亲"美德少年、"诚实守信"美德少年、"乐于助人"美德少年、"勤劳节俭"美德少年、"自立自强"美德少年这5个项目。

2. 基本标准：

热爱祖国，热爱人民，热爱社会主义，热爱中国共产党，具有立志成才、报效祖国的远大理想，自觉践行社会主义荣辱观，遵纪守法，遵守《中小学生守则》，热心公益、遵守公德、诚实守礼、自尊自强、勤俭节约、热爱劳动。积极参加学校、社会组织的各类公益活动，在家做文明尊老尽孝心的好孩子，在校做文明勤学送关心的好学生，在社会做文明诚信献爱心的好公民。

3. 具体要求：

（1）"尊老爱亲"美德少年

孝敬长辈、感恩父母，尊敬老师、团结同学，尊重老人、爱护弱小，文明有礼、谦恭待人。

（2）"诚实守信""美德少年

敢讲真话、为人坦诚，言行一致、信守承诺，公平正直、勇于担责，知法守法、明辨是非。尊敬师长，团结同学，知礼仪、重礼节；言行举止文明有礼，在人际交往中，礼貌待人；不弄虚作假，做老实人，说老实话。

（3）"乐于助人"美德少年

热心公益，奉献爱心；扶危济困，助残救弱；关心他人，不计回报；滴水之恩，涌泉相报。在学习和生活上长期坚持帮助有困难的同学，努力帮助他人排忧解难；积极参加志愿服务活动，为空巢老人、孤寡老人、残疾人和军烈属等做力所能及的志愿服务，主动参加社区文明建设、公益宣传和文化活动。

（4）"勤劳节俭"美德少年

热爱劳动、吃苦耐劳，厉行节约、反对浪费，生活俭朴、不去攀比，爱惜公物、节能环保。

（5）"自立自强"美德少年

自尊自爱、自信自强，面对困境、迎难而上，阳光乐观，永不放弃。

四、评选步骤、方法：

1. 5月24日前各班由学生自己推荐、班级组织评选；再根据本班的

三自教育

候选人情况，投票评选出1名学生（五个项目中的一项，如有特别突出可适当增加一个名额）参加校级评选。

2. 5月28日前班主任整理好候选人推荐表材料：1000字以内的事迹材料、一张标准照（红底，佩戴红领巾）及一张生活照。本次评比只交纸质材料。

3. 6月1日前，公布并表彰校级"美德少年"。

五、活动要求

1. 抓住契机，精心落实

各班要将此次评选活动作为推进未成年人思想道德建设，深化"中国梦·我的梦""学会感恩，与爱同行""做一个有道德的人"的主题实践活动。利用班队会、思品课等广泛发动学生踊跃参与，努力扩大参与面，使评选表彰的过程变成我校学生提升道德品质，争做美德少年的过程，成为我校学生自觉参与、自我教育的过程。

2. 深入宣传，形成氛围

各班要把在评选过程中的感人的事迹及时报给德育处，我们运用红领巾广播站、校报、宣传栏、校园微博等宣传阵地，开设专栏专题，及时报道，让我校学生学有榜样、赶有目标、见贤思齐，推进我校未成年人思想道德建设水平再上新台阶。

遂宁市北固初级中学校

2020年5月5日

第三章

学习自主
提高了学生自主发展的学习力

　　自主，即是自己做主，自己主动。我们认为的"学习自主"，即是"自主学习"，是与传统的接受学习相对应的一种现代化学习方式。顾名思义，自主学习是以学生作为学习的主体，通过学生独立地分析、探索、实践、质疑、创造等方法来实现学习目标。《基础教育课程改革纲要（试行）》在论及基础教育课程改革的具体目标时指出："要改变课程实施过于强调接受学习、死记硬背、机械的现状，倡导学生主动参与、乐于探究、勤于动手，培养学生搜集和处理信息的能力、获取新知识的能力、分析和解决问题的能力以及交流与合作的能力。"自主学习，提高了学生自主发展的学习力。

三自教育

第一节 自主学习概述

所谓"自主学习"即"学习自主",是就学习的内在品质而言的,指的是学生在教师指导下,能主动、积极地参与到学习中来。自主学习表现为学生主动参与学习,其背后的实质是学生主体性的彰显以及个性的呈现,即学生以一个"主人"的身份,充分发挥主观能动性,以适于自己"个性"的方式进行学习。就心理品质而言,自主学习的核心品质和特征是"自主性"。

一、自主学习的含义

《基础教育课程改革纲要》明确指出:"注重培养学生的独立性和自主性,引导学生质疑、调查、探究,在实践中学习,促进学生在教师指导下主动地学习、富有个性地学习。"自主学习是指有较高的自信力和能力、有较高的理想与抱负、对任务有积极的内在兴趣的学生,在教师指导下,自觉地制订学习计划、确定学习目标、组织学习活动、自我监控学习过程与效果、主动选择学习策略、自我评价学习结果、积极创设最优化的学习内部环境与外部环境,通过自我指导、自我强化来进行高效学习的一种学习方式。

(一)自主学习的"三性"

自主学习的"三性"即自立性、自为性、自律性。"自主学习"这一范畴本身就昭示着学习主体自己的事情,体现着"主体"所具有的"能动"品质;学习是"自主"的学习,"自主"是学习的本质,"自主性"是学习的本质属性。学习的"自主性"具体表现为"自立""自为""自律"三个特性,这三个特性构成了"自主学习"的三大支柱及所显示出的基本特征。

1. 自立性

(1)每个学习主体都是具有相对独立性的人,学习是学习主体"自己"的事、"自己"的行为,是任何人不能代替、不可替代的。

(2)每个学习主体都具有自我独立的心理认知系统,学习是其对外界刺激信息独立分析、思考的结果,具有自己的独特方式和特殊意义。

(3)每个学习主体都具有"天赋"的学习潜能和一定的独立能力,能够依靠自己解决学习过程中的"障碍",从而获取知识。学习"自立性"的四层含义是相互联系、有机统一的。

2. 自为性

学习自为性是独立性的体现和展开,它内含着学习的自我探索性、自我选择性、自我建构性和自我创造性四个层面的结构关系。

(1)自我探索往往基于好奇心。好奇心是人的天性,既产生学习需求,又是一种学习动力。

(2)自我选择性是指学习主体在探索中对信息的由己注意性。

(3)自我建构性是指学习主体在学习过程中自己建构知识的过程,即其新知识的形成和建立过程。

(4)自我创造性是学习自为性更重要、更高层次的表现。

3. 自律性

自律性即学习主体对自己学习的自我约束性或规范性。它在认知域中表现为学习的自觉性。

(1)自律性是学习主体的觉醒或醒悟性,对自己的学习要求、目的、目标、行为、意义的一种充分觉醒。它规范、约束自己的学习行为,促使自己的学习不断进取、持之以恒。它在行为域中则表现为主动地、积极地学习。

(2)自律学习体现学习主体清醒的责任感,它确保学习主体积极主

三自教育

动地探索、选择信息，积极主动地建构、创造知识。

（二）现代学习方式的特征

现代学习方式的特征：自主性、合作性、探究性、问题性、实践性、个性化。

1. 自主性

现代学习方式的自主性，突出表现在学生具有自主学习的意识，积极主动地去探索、尝试、谋求个体创造潜能的充分发挥，并对自己的学习过程主动做出安排、监控和调节，对学习结果做出积极的总结和评价。自主性要求学生逐步确立主体意识和观念，培养独立发现、分析及解决问题的能力，不断增强自我学习、自我发展的内在动力。

2. 合作性

现代学习方式的合作特征将个人之间的竞争转化为小组之间的竞争，从而缓和了生生和师生之间相互隔离和疏远的矛盾，转化和消除了学生之间过强的学习压力，有助于引导学生在学习中进行积极的沟通，形成学习的责任感。

3. 探究性

现代学习方式的探究性主要是让学生经历一种类似于科学研究的情境和过程，通过独立自主的发现问题、实验、操作、调查、收集处理信息及表达交流等活动，从中学习科学探究的方法和思想，体验科学探究的乐趣，从而获得理智能力的发展和深层次的情感体验，建构知识，掌握解决问题的方法。

4. 问题性

现代学习方式强调只有学生以自己敏锐的洞察力发现了问题，学习才有强大的动力，才能真正开启心智的大门，激发学习热情，真正领略到学习的乐趣与魅力。衡量学生学习质量的重要特征不是看学生掌握了多少知识，而是看学生是否能够或善于发现问题，主动提出问题，有勇气面对问题，寻求问题的解决方法和策略。

5．实践性

现代学习方式强调理论与社会、科学与生活的联系。教学活动要引导学生关注现实生活，接触社会生活实际，参加社会实践活动并关注环境、现代科技对生活的影响以及与社会发展密切相关的重大问题，为学生理解社会、增强社会责任感提供条件和可能。

6．个性化

现代学习方式，尊重每一个学生的独特性和具体生活的差异性，为每个学生富有个性地发展创造机会；尊重每一个学生的独立性，鼓励学生独立学习并创造各种机会让学生独立地学习，培养其独立学习的能力。

（三）自主学习的目标

在现代学习社会，施教者包括学校、家庭和社会。对在校学习的学生来说，学校是学习的主要场所和主渠道，教师和校长是最主要的施教者。自主学习要求施教者应以学校教育为主阵地，同时辅之以必要而科学合理的家庭教育和社会教育，使儿童和青少年通过自主学习，学会求知、学会做人、学会健体、学会审美、学会生活、学会交往、学会劳动、学会生存，具备与现代社会需要相适应的学习、生活、交往、生产以及不断促进自身发展的基本素质。

1．愿学、乐学调动并形成强烈的学习动机，增加学习的兴趣，使学生愿学和乐学，解决学生中存在的厌学、逃学的问题。

2．会学、善学要强化学法指导，使学生知道怎么样学习才能省时省力且效果好。在新的形势下，使受教育者掌握多样化的学习技能和方法，改变盲目学习的状况，是实现学生自主发展的重要目标之一。自主学习教改实验要把学法研究和新的学习手段、学习技术的研究摆在重要位置。

3．自醒、自励、自控这些要求主要属于学生健康心理素质的发展目标。自主学习要求学生不仅要把学习内容作为认识的客体，而且要将自己作为认识的客体。要对自己做出客观、正确的自我评价，从而对自己的行为进

三自教育

行自我激励、自我控制、自我调节,形成健康的心理品质,使自己的注意力、意志力和抗挫折能力不断提高。

4. 适应性、选择性、竞争性、合作性、参与性要使学生学会适应,要主动适应,而不是被动适应;要适应生活,适应学习,适应环境。允许并鼓励学生根据自己的素质和兴趣发展自己的特长。允许学生有选择学习内容、学习方式、学习方法的权利,按照全面发展与特长发展的要求,对学生的偏科倾向科学引导,并鼓励学生发展自己的优势和特长。

5. 要改善办学条件,为学生进行选择性学习提供更多的图书、报刊、信息、学习技术及学习手段。鼓励学生追求与自己情况相适应的较高目标,培养他们的进取心和成功欲望,鼓励竞争。在文化学习、体育比赛、技能训练、生活适应能力等方面鼓励竞争。

6. 要创造环境,使儿童和青少年增强合作意识,培养合作精神。鼓励所有学生都成为学校内一切活动的积极参与者和主动参与者。通过参与,达到主动学习、主动锻炼、主动发展与提高的目的。

(四) 自主学习的八个维度

现代学习理论家主张把自主学习从学习动机、学习内容、学习方法、学习时间、学习过程、学习结果、学习环境、学习社会性等八个维度加以界定。如果学生在这八个维度均能自主并能做出选择和控制就被认为是自主的,即:1. 学习动机是内在的或自我激发的;2. 学习内容是自己选择的;3. 学习方法由自己选择并能有效地加以利用;4. 学习时间由自己进行计划和管理;5. 对学习过程能够进行自我监控;6. 对学习结果能够进行自我总结、评价,并据此进行强化;7. 能够主动组织有利于学习的环境;8. 遇到学习困难时能够主动寻求他人的帮助。

二、自主学习的现状

（一）问卷调查

在自然状态下，我们对北固中学学生进行了问卷调查。

（二）现象剖析

通过对问卷调查和座谈情况的分析，以及日常进行的课堂观察，我们发现，当前课堂教学中关于对学生自主能力的培养存在着一些共性的问题。

1. 调查现状

多数学生能自觉、主动地学习，但随年级上升，学生学习的自觉性和主动性却呈下降趋势；很多学生凭自己的兴趣学习某学科；大多数学生懂得预习的重要性，但很多学生不会预习；有相当一部分学生在课堂上听课时，不知道重点；很多学生上课感受不到学习的乐趣，只是勉强应付；学生没有养成定期对知识进行归纳总结的习惯，为了考试而学习，缺乏自主学习的方法；因为家庭的影响，很多学生没有阅读习惯。

2. 形成原因

（1）主观原因

学生很多时候是为了应付考试而学，不会对自己的未来进行规划，也不清楚自己学习的目标是什么；在应试教育这个大环境下，学生习惯了听从教师的要求，被动地接受知识；除此之外，片面追求"标准答案"必将会淡化学生个性化的解题思路，忽视独立的、富有创见的思考，甚至会抑制创造性思维的发展，从而影响主动学习的积极性。

（2）客观原因

教师是全职"妈妈"，总是对学生有一种不信任感，觉得只有在自己的"看护"下，学生才能有效利用有限的学习时间。久而久之，学生在没有老师监管的时候，根本无法自主开展学习。

（三）问题归因

目前学生的学习状态又如何呢？调查发现：有70%左右的学生目前采

三自教育

用的学习方式仍以记忆、接受、模仿、反复做题为主；86%的学生表示喜欢课堂上有较多的动手操作或亲身实践、讨论交流或自学等学习方式，仅13%的学生喜欢接受性的学习方式；45%的学生缺乏学习计划。

长期以来，教师都低估了学生的能力，认为他们很难有创新的举动，于是在课堂中很少给学生探索、发现的机会，常常把自己的观点强加于学生，学生的想法有可能遭到教师的否定。慢慢地就不敢说出自己的想法了，他们以教材为本，以教师为圣，对教材和教师没有丝毫的怀疑。

传统教育中，"师道尊严""教师权威"的精神桎梏，使教师们习惯了"我教你学""我说你听"，这种上级对下级、长辈对晚辈的命令、说教式教育方式，使学生习惯于服从教师，不少学生对自己的主体地位认识不足，处于一种被动地接受教育的状态。如何改变这种现状，建立一种和谐民主的师生关系、乐观上进的集体气氛，这就必然要求师生双方都要转变角色，明确自己的角色定位。

倡导自主、合作、探究的学习方式，教师的角色必须从知识的传授者向学习的参与者、促进者、指导者转变。英国教育家布鲁纳指出，学习任何科目，绝不是向学生心灵中灌输固定的知识，而是启发学生主动去求取知识与组织知识。

让学生自主学习，可激发学生深入学习的动机，发展他们的思维，增强学习的兴趣。爱因斯坦说："提出一个问题往往比解答一个问题更重要。"科学家的发明创造都是从问题开始。"学起于思,思源于疑"，"小疑则小进，大疑则大进"。发现问题并提出来，即是思维活动的表现形式，也是思维活动的结果。思维的发展从问题开始。每发现一个小问号，这个小问号就像一个小钩儿，它能勾住学生的好奇心，学习便成为一种自觉自愿的心理渴望，使"要我学"转变为"我要学"。问题愈多，好奇心愈强，兴趣愈浓，注意力就愈集中，思维就愈活跃。

三、自主学习的理论基础

现代教育理论认为,教师和学生是教育活动的两个基本要素。教育的目的是"不教育",教育的实质就是使学生具有自主性,学会自主。联合国教科文组织国际教育发展委员会编著的《学会生存》中指出:"未来的学校必须把教育的对象变成自己教育自己的主体,受教育的人必须成为教育自己的人,别人的教育必须成为这个人自己的教育。"显然,自主教育立足于学生的内部因素——自觉能动性,强调了学生的内部因素在教育活动中的作用。自主教育必须突出学生的主体地位和作用。

(一)教育主体自主性发展的教育理念

教育是培养人的活动,现代教育是以现代生产和现代生活方式为基础,以现代科技和现代文化为背景,坚持与生产劳动相结合,以培养自主性发展的个人为目的的教育。现代社会发展需要现代教育培养的人必须具有创新精神和创新能力。当前,我们的教育理论和教育实践存在着种种弊端,其中之一是在培养人的过程中轻视乃至忽视了教育主体的自主性发展。表现为实行整齐划一的模式化的教育,只重视知识的掌握,忽视创新精神、创新能力和个性发展的培养,造成学生被动地学习,动手与实践能力差,参与意识和参与能力不强,等等。自主学习教改实验以教育主体自主性发展作为教育改革的起点和依据,对现行教育中不合理的观念、思维方式和行为方式进行根本性改造,力图实现教育理论和教育观念的变革。

(二)以学习论为核心的现代教育教学理念

适应知识经济时代和学习社会的需要,传统的教育教学理念产生了根本性变革。变革的重点表现在三个方面。

1. 要以教育主体自主性发展和创新教育为中心来构建现代教育的理论体系,建立以"学会学习"为中心内容的现代教育理论。

2. 以"学习论"改造现行的"教学论",建立以"学习论"为中心的现代教学观念。自主学习要求真正确立学习者主体发展和自主发展的地位,使知识经济时代的教学理论更加符合学习者学习知识、技能与人格发

三自教育

展的内在规律,教师的所谓"教学",其真正含义由过去的"教学生知识与技能"变为"教会学生学习",建立以学习论为中心的现代教学论。

3. 以学法研究为中心带动教学法观念的根本性变革。构建以学法为中心的教学法理论体系,并不断推进这一教学方法的实践探索。

(三) 以理解为核心的学习观

教师要使学生成为自主学习的主体,必须确立学习是一个理解、记忆、运用过程的观念,学生对知识的掌握是一个经由初步理解、强化记忆、学会应用、加深理解等环节的过程。学习过程的实质和核心在于理解,而不是记忆。确立这样的学习观才能使学到的知识更扎实、更灵活,才有可能使知识成为创造力的翅膀。

(四) 动态的结构化的知识观

在自主学习中,教师要确立科学的结构化的知识观,既要重视书本知识的教学,又要注意引导学生对经验的积累和理论化;学生既要重视学习"是什么"和"为什么"的知识,更要重视对"怎么做"的知识的学习。

(五) 齐莫曼自主学习观

国内学者杨四耕在《自主课堂的要义与操作》论文中援引学者齐莫曼关于"自主学习"的内涵维度,阐述了齐莫曼对自主学习的看法,见下表。
齐莫曼自主学习观:

科学的问题	心理维度	任务条件	自主的实质	自主过程
1. 为什么学	动机	选择参与	内在的或自我激发的	自我目标、自我效能、价值观、归因等
2. 如何学	方法	选择方法	有计划的或自动化的	策略的选择和使用等
3. 何时学	时间	控制时限	定时而有效	时间计划和管理
4. 学什么	学习结果	控制学习结果	对学习结果的自我意识	自我监控、自我判断、行为控制、意志等

科学的问题	心理维度	任务条件	自主的实质	自主过程
5. 在哪里学	环境	控制物质环境	控制物质环境对物质环境的敏感和随机应变	选择、组织学习环境
6. 与谁一起学	社会性	控制社会环境	对社会环境的敏感和随机应变	选择榜样、寻求帮助

齐莫曼教授认为，当学生在元认知、动机、行为三个方面都处于一个积极的参与状态时，其学习就是自主的，也就是说自主学习的学生在元认知方面对学习过程的不同阶段、不同任务能进行计划、组织、自我指导、自我监控和自我评价；在动机方面，能把自己视为有能力的自律者，对完成学习任务不仅有充足的信心，而且还能通过成功的效能体验强化学习动机；在行为方面，能够对学习进行选择、组织、改造、变革，使学习达到最佳效果。因而研究自主学习的构成要素，至少应该从以下四个维度去考虑：动机、方法、行为和条件。

三自教育

第二节 自主学习的实施

现存的教育思想和教育模式也可能使学习者养成了依靠教师的学习习惯。解决学生的这些主观认识的问题，一方面，要进一步加强对自主学习理论和实践的研究，为教育机制的各个环节提供必要的理论依据；另一方面，也要求教育机制的各个环节以及学习者本身在主观上进行观念的更新。

课堂改革是教学改革的重点，不同的课堂教学呈现方式，昭示着不同的教育教学理念。我校从 2015 年起开展"三自教育"，推行至今，积极在课堂教学模式改革建构学生自主学习平台方面做着不懈地尝试，到目前为止可分为四个阶段：第一阶段，自主合作学习模式在教学中的运用；第二阶段，学生自主导练的推行；第三阶段，有为课堂的教学实践；第四阶段，"四性四环"主体性学习课堂。

目前，"三自"教育实践研究中，我们努力更新教育教学观念，努力实现应试教育向素质教育的课堂转型，最终实现了自主建构"学习自主"的"四性四环"主体性学习课堂。

一、"四性四环"主体性学习课堂的基本框架

"四性四环"自主学习性课堂，以学生为本，尊重学生学习的主体地位，确保学习是由学生发生的，而不是发生在学生身上。课堂"四性"指课堂主张与追求，即"简约性、活动性、自主性、思辨性"。课堂"四环"指课堂实施的四个环节，即"目标导学——自主研学——合作议学——反馈评学"。

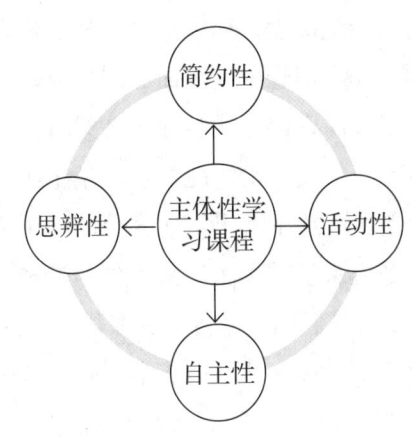

第三章 学习自主提高了学生自主发展的学习力

"四性四环"主体性的课堂

"四性四环"主体性学习课堂，以主体性学习为核心，力图把课堂的主动权还给学生。培养学生学习自主能力，为学生的终身学习奠基。

二、"四性四环"课堂的操作要义

（一）课堂"四性"的实施路径

"四性"指我校课堂的四个核心要素："简约性、活动性、自主性、思辨性"

1. 课堂教学具有简约性

课堂教学的简约性体现为力克应试教育课堂关注考点面面俱到的弊端，直指教学要义。我们从"教学目标——简洁清晰，教学内容——简约有效，教学手段——简便实用，教学语言——简要精练"四个方面来实现。让学生在有限的课堂时间里，能取得"扎实、充实、有效"的课堂学习效果。

从字面来看，"简"就是简单、简明、简要的意思；"约"意为"专取一物""专注于一点"。"简约"就是专注本质，删除赘余。我们要求一节课的目标要简约，我们研究发现，一节课40分钟，要想实现太多的教学目标是不行的，一节课的目标最好定在2～3个，我们倡导一课一得。

三自教育

这主要因为我校以前的传统课堂，很多老师为使学生在考试中拿高分，尽量使一节课面面俱到，什么都想讲到。面面俱到就是面面俱失，因为目标过多，一节课下来，很多内容都是浅尝辄止。只有环节简约了，才能避免每个环节蜻蜓点水般流于形式，也才能真正让学生潜下心去沉浸在学习活动之中。简约不是简单，简约里有丰富而充分的师生活动。这里的简约，看似目标、环节少，是给课堂做减法，其实少即是多，是在给学生的自主学习活动做加法。所以，我们倡导，目标少即是多，少才有收获。

如：在教学数学"年、月、日"一节中，有老师确定了如下目标：①使学生认识时间单位"年、月、日"，了解它们之间的关系；②知道平年、闰年等方面的知识；③记住每个月以及平年、闰年各有多少天；④帮助学生初步建立年、月、日等时间观念，培养学生观察、分析和判断推理的能力；⑤让学生感受到生活中处处有数学知识，体会到古代数学家的伟大。

我们看这些目标设定，一堂课五个目标任务显然是无法完成的，单说第③条目标提出的三种能力，在短短的 40 分钟里是不可能达成的，甚至一个月、一学期都可能不行。我们简约的目标可以这样设计：①通过手势演示、自主尝试等方式，会识记每个月的天数，会运用多种方法计算全年的天数；②通过观察、比较、分析的方式，会区分大月、小月、平月；③通过自然常识、历史资料介绍的方式，能说出二月的特殊性。这样的课堂教学目标具体、明晰、利教、利学、利评，正是我们所倡导的教学目标。

附：《紫藤萝瀑布》教学设计★

《紫藤萝瀑布》教学设计

教学目标：

1. 积累并准确运用迸溅、伶仃、酒酿、盘虬卧龙、仙露琼浆、忍俊不禁等字词。

2. 抓住紫藤萝这一景物的特征，欣赏美、品味美。

3. 掌握文章借景抒情、托物言志的写作手法。

教学重难点：

1. 抓住紫藤萝这一景物的特征，欣赏美、品味美。

2. 掌握文章借景抒情、托物言志的写作手法。

教学具准备：多媒体、导学案。

教学方法：自主质疑、合作探究。

课时安排：两课时。

教学过程：

一、新课导入

1. 紫藤萝的图片导入（板书：紫藤萝瀑布　宗璞）

2. 检查预习情况（具体内容见导学案字词部分）

（设计意图：字词是学习和理解课文的基础，学生对字词掌握很好，有助于对课文的理解）

3. 文章结构的梳理

（设计意图：该部分设置的目的主要在于让学生对文章有一个整体的感知，理清文章脉络，为理解文章做铺垫）

二、赏花：品味语言，欣赏美

1. 请同学们默读描写紫藤花的段落，用一个词语表达出你感知到的作者笔下藤萝花的特点。

2. 小组合作探究，展示探究结果，教师点拨

藤萝花这些美的特点，都是在课文中优美的句子中感知到的，那么请同学们找出描写藤萝花的句子，从修辞的角度说说这些句子美在哪里。

小组活动：让学生默读课文1—6段，勾画出他们认为紫藤萝美的佳句，并说出美在何处。

（教师提示：品析语句要注意结合文章的具体语境，从字词的凝练传神、修辞手法的使用、语言富含的哲理等方面品析感悟。）

例如：

1. 从未见过开得这样盛的藤萝，只见一片辉煌的淡紫色，像一条瀑布，从空中垂下，不见其发端，也不见其终极。

三自教育

——比喻，将一树盛开的紫藤萝花比作瀑布，生动形象地写出了紫藤萝的气势非凡，灿烂辉煌。

2、只是深深浅浅的紫，仿佛在流动，在欢笑，在不停地生长。

——拟人，动词"流动""欢笑""生长"的使用，把花瀑拟人化，使静态变为动态，不仅写出了紫藤萝花的生机盎然、生机勃勃，如盛装少女欢歌笑语。（以动写静）

3. 紫色的大条幅上，泛着点点银光，就像迸溅的水花。仔细看时，才知道那是每一朵紫花中的最浅淡的部分，在和阳光互相挑逗。

——"像迸溅的水花"，比喻，承"瀑布"而来，形象生动地表现了紫藤萝花生命的活力，富有动态美。写出了花朵浅淡部分的颜色。

"在和阳光互相挑逗"，拟人，贬词褒用，仿佛盛装的少女在欢歌笑语，写出了它顽皮、活泼、可爱的情态。

4. 花朵儿一串挨着一串，一朵接着一朵，彼此推着挤着，好不活泼热闹！

——拟人，使句子形象生动、富有情趣，更突出了紫藤萝花的活力和可爱。

5. 每一朵盛开的花就像一个小小的张满了的白帆，帆下带着尖底的舱，船舱鼓鼓的；又像一个忍俊不禁的笑容，就要绽开似的。

——用帆与船舱的比喻，细致地描写了紫藤萝花盛开的状态，显得生机勃勃。比作笑容，更显得美好可爱。

6. 香气似乎也是浅紫色的，梦幻一般轻轻地笼罩着我。

——通感，生动地表现出紫藤萝花带给我们的缥缈、轻柔、朦胧、优雅的美感。

（设计意图：欣赏美，让学生得到美的熏陶；引导学生理解作者感情的抒发、托物言志手法的运用。）

三、忆花：情由心生，受感染

过渡语：紫藤萝那非凡的气势，那勃勃的生机，那可爱的情态，让我们如见花瀑，那么眼前的紫藤萝这样的富有生机，是否紫藤萝一直都这么美呢？齐读第八自然段，找出描写藤萝花的相关句子。

（设计意图：一切景语皆情语，情是景的产物，使托物言志手法的得到自然的引导。）

四、悟花：触景凝思，悟哲理

过渡语：紫藤萝花尽管遭受过不幸，而如今却依然开得如此的灿烂辉煌，由衰而盛，请默读第10段，然后回答下面问题：

1. 作者得到了什么样的启示？你能从原文中找到原句吗？

——花和人都会遇到各种各样的不幸，但生命的长河是无止境的。（点睛之笔）

2. 从作者的角度看，她是如何理解这句话的？

——个人的生命是有止境的，但是人类生命的长河是无止境的，并不因某个人的逝去而停止流动，即使小弟逝去，活着的人也要开始新的生活

3. 你如何理解这句话？

——（1）生命的过程是曲折的，人的一生并不是一帆风顺，常会遇到各种坎坷和不幸，这是无法避免的，就像花一样；

（2）生命的存在是美好和永恒的。我们应该像紫藤萝一样，有着顽强的生命力，以一种乐观的态度去面对生活，奋发进取。

拓展：如果你遇到了和作者相同的经历，你会如何做？

（设计意图：使学生得到思想上的教育）

五、托物言志写法初探

教师：本文作者借对紫藤萝花不同时期的不同情态进行描写，说明了花和人都会遇到各种各样的不幸，但生命的长河是无止境的，人应该豁达、乐观、奋发进取。——引出托物言志

六、巩固提升

请学生完成导学案，做到当堂清。

七、课堂小结

每个人都会经历挫折，甚至失败，但要坚信，生命的长河是无止境的。让我们像那灿烂辉煌、生机勃勃的紫藤萝一样，扬起生命的风帆，乘风破浪，

79

三自教育

去谱写人生精彩的乐章。

八、作业布置

生活中一朵小花，一棵小草，一丝细雨，一缕春风都会不经意地拨动你的心弦，使你对生命有所感悟。其实只要你用心倾听，大自然中的一切都会对你说话。请将你的感悟写下来，100字左右。

九、板书设计

2. 课程教学具有活动性

美国教育家罗杰斯说：没有任何人可以教会任何知识。叶圣陶先生也说：先生的责任不在教书，而在于教学生的学。约翰·格里高利在《教学七律》中说，学习最终都是靠学生自己去学，教师只是教他们在没有教师在场的情况下他们自己学习的方法。经过研究，我们也认为，学习最终是学生在一个个学习活动中去获得知识，习得能力，就如"游泳最终是在游泳的过程中学会"的道理一样。这种认识颠覆了我们传统的教学观，传统的教学观主要就是教师讲，学生听；教师讲重点、考点，学生记重点、考点，以应试教育为主。而这种教育观念和课堂呈现早已和时代不符，教师必须改变，课堂也必须改变。

我们知道，最深刻的领悟和认同，一定是来自学生的最真实的体验。所以，收获知识、发展学生能力的基本路径就是让学生在更多活动中学习。没有活动就没有经历，没有经历就没有运用，没有运用就没有经验，没有经验就没有能力，能力的基础就是经验；没有能力，学生也难有高分。什么叫学习活动？拿语文来说，就是学生的听说读写练及演讲、辩论、表演等。课堂活动多了，老师讲解的时间就少了，学生自主学习就真正发生，学生学习的主体地位也得到凸显了，这样的课堂，才是真正让学生自主学习的课堂，让学生参与有生命活力与张力的课堂。

课堂教学的活动性，我们主要依托丰富多样、科学有效的学习活动来实现。主体教学论告诉我们：最深刻的领悟和认同，一定是来自学生最真实的活动体验。我们的活动设计遵循三大原则：从形式上说，要有多样性、丰富性；从内容上说，要有综合性、层次性；从效果上说，要有科学性、实用性。形式多样的活动，既可以调动学生学习的热情，又可以让学习的效果提升。活动在课堂教学中，有着十分重要的作用。

一是活动可以让知识的了解由模糊到具体。如在教《花儿学校》一课，认识作者"泰戈尔"，我们可以设计活动：①出示泰戈尔不同时期的照片，让学生观察感受；②观看一段泰戈尔的视频介绍，并齐读老师出示的泰戈尔生平简介。学生看图、观视频、读文字的活动，相比教师枯燥的讲解，学生对作者的了解就具体得多了。

二是活动可以让内容的体验由简单到丰富。如在教《蜘蛛》一课，学生在了解了蜘蛛聪明的特点后，我们可以设计从"批一批"到"画一画"，再组内"议一议"这样的学习活动，让学生对蜘蛛结网过程的认识，由对文字表象的理解到绘画的呈现，使学习从表面到深层，认识上有较大的飞跃，这是教师枯燥乏味的讲解所不能达到的效果。

三是活动可以让知识的学习由抽象到深刻。例如在教授数学"长方形、正方形、平行四边形"的知识时，老师设置了一个动手实践活动：1. 学生在钉子板上分别围一个长方形、正方形、平行四边形；2. 让学生动手拉自制长方形的四个角，观察发生了什么变化。在这个活动中，学生通过动手实践，对长方形、正方形、平行四边形的边角特点的学习感受就非常直观深刻，甚至终身不忘。这是学生被动识记所不能达到的效果。

附：《孤独之旅》教学设计★

《孤独之旅》教学设计

教学目标

1. 了解文章的主要内容，把握人物形象的特征。（重点）

2. 体会小说出色的环境描写对表现人物和主题所起的作用，品味精美传神的语言。（难点）

3. 了解人物的成长历程，学会正确对待成长过程中的困难和挫折。（重点）

三自教育

突破方法：

运用圈点勾画的方法，画出文中体现心理历程的语段并加以分析，把握人物心理，体会主人公成长历程，理解环境描写的作用。培养学生良好的阅读习惯。

教学方法

1. 诵读法：小说的语言平白、朴实，没有过多修饰，符合主人公单纯、简单的生活。文中的环境描写，对表现人物和主题起着重要的作用。引导学生反复诵读，进入作品情境，理解课文内容。

2. 体验法：在研读中联系生活实际，体验成长的感受，加深对文章主旨的理解。

教学过程：

一、创设情境，导入新课

有人说孤独是尖锐的针，刺痛脆弱的心灵；有人说孤独是美丽的鲜花，让生命更灿烂，因为它除去了浮躁、怯懦，造就的是坚强。可是，当孤独成为漫长而艰辛的人生路途上无法回避的生命状态时，我们又该如何应对呢？今天，就让我们一起走进曹文轩的《孤独之旅》，去体验少年杜小康的一段孤独生活吧！（板书课题：孤独之旅，并出示以上三个教学目标）

【设计意图】创设情境，感受孤独，引起共鸣。

二、初读课文，感知"孤独"，概括内容

浏览课文，理清故事情节，概括文章内容（围绕小说的三要素人物形象、环境描写，对故事情节进行概括）

学生交流，教师归纳。

明确：杜小康和父亲为了重振家业，一起去离家几百里的芦荡去放鸭子，经受孤独，经受磨难，逐渐变得成熟、坚强的故事。

【设计意图】提炼内容，培养学生预习习惯和概括内容的能力。

三、细读课文，合作探究，体会"孤独"，感悟成长

1. 探究起因

PPT 展示：人离家原因有三。一是外面有一个广大无边的世界。二是

离家也许是出于无奈。三是人的眼中，心里总有一个前方在召唤着他。

——曹文轩《前方》

师：杜小康要离家了，请大家关注文章第一段，看看他离家的原因是曹文轩讲的哪一种？从哪个词语看出来的？谁来介绍一下曾经的杜小康？

师：而现在的杜小康不再是"小康"了，他成了什么？

生：放鸭娃。

师：是的！他成了杜放鸭了。这到底是为什么呢？杜家到底发生了什么事情呢？谁能来告诉我们原因？

齐读第一段，你觉得应该重读哪些词语？为什么？

师：年少的杜小康被命运抛出了原来的生活轨道。他即使有一万个不愿意，也只能无奈地离家，踏上这段"放鸭之旅"。他就这样，跟着父亲赶着鸭群流浪，流浪。他发现，这绝不是放鸭之旅那么简单，事实上，有一个被他们称为"最大的敌人"的东西，一直在跟着他们，并且离他们越来越近。那就是什么？

生：孤独！

师：是的！孤独。下面，请大家再读课文2—35段，说说你是从哪些词语、句子或段落中读出杜小康的孤独的，他是怎样面对孤独的，并陈述你的理由。用圈点勾画法画出相关语句，用批注的方法标注出他的心情。（可以从环境描写或者从人物的心理、语言动作描写等方面去感受）

2. 探究"孤独"

PPT展示：

小组合作探究：在课文2—35段里找出表现杜小康的孤独的词语、句子或段落，并陈述你的理由。（可以从环境描写或者从人物的心理、语言动作描写等方面去感受）

这趟孤独之旅有没有让杜小康壮大和发展自己呢？从哪里看得出来？圈点勾画出相关语句，并陈述你的理由。

抽生答。选择精彩句子赏析，指导朗读。

炊烟、鸭群、流水、芦荡等环境的描写烘托了人物心情，渲染了孤独

三自教育

的气氛。

杜小康的心理活动描写、语言描写也能表现孤独。选择精彩句子赏析，指导朗读。

【板书：茫然恐惧的孤独—寂寞—害怕（与世隔绝的孤独、近乎绝望的孤独）—精神空虚的孤独—不回避孤独—接受孤独】

3. 探究成长

PPT展示：前方充满艰辛，充满危险，然而它又能够壮大和发展自己。

——曹文轩

（1）有一件事能看出小康对孤独的态度发生了变化。哪件事？有了怎样的变化？

（2）这趟孤独之旅有没有壮大和发展他呢？从哪些地方能够看出来？他的付出有回报吗？

请在36—49段中寻找句段，陈述理由。

师：后来，他好像不再惧怕了，后来有一件事能看出小康对孤独的态度发生了变化。哪件事？有了怎样的变化？杜小康的前方一直充满艰辛和危险，但这趟孤独之旅有没有壮大和发展他呢？从哪些地方能够看出来？请在36—49段中寻找句段，陈述理由。

生明确：（1）从47、48、49段能看出来。

（板书：承受孤独，享受孤独）

师：朗读47、48段。今夜的杜小康是孤独的，同时也是美丽的、悠然的、享受的。是今夜的孤独让他如此美丽。

师：从哪些地方能看出小康在艰辛和危险的旅途中，壮大和发展了自己呢？

生：第38段体现了他勇敢坚强。第41段体现了他有责任感。第48段体现他坚强了。

生：有回报。鸭下蛋了！（朗读语言描写，体会承受磨难后收获成功的快乐）

【设计意图】通过学生组内合作探究的方式，对杜小康心路历程的梳理，重点体味"孤独"的含义，感悟杜小康由"孤独"到"成长"的过程。

让学生感悟孤独的同时，体会小说中环境描写对表现人物性格的作用。

四、拓展延伸，书写孤独

1. 写一写自己的孤独，完成后与大家交流。（在书写时，可以尝试通过人物描写和环境烘托来表现你的孤独和对孤独的认识）

师：想着那单调的水流，想着那瘦弱的木船、想着那芦荡、那鸭子还有小康那颤抖的心灵，想着那遥远的校园，看着那没有共同语言的父亲，在某个瞬间，你会觉得杜小康其实就是你，你会想起你曾经的孤独，回忆起自己的成长历程。请写一写自己的孤独，用上环境描写和人物描写。

2. 说说孤独

孤独对于我们来说，与其说是磨难，不如说是什么？（磨炼——宝剑锋从磨砺出，梅花香自苦寒来）

老师认为：

PPT 展示：

孤独，让我们的人生多了一份历练，变得更加坚强和无畏；

孤独，让我们的人格变得更加成熟，少了很多盲目与追随；

孤独，让我们的心灵远离了尘世的浮躁和喧嚣，多了一份"行到水穷处，坐看云起时"的宁静和超然。

【设计意图】结合学生的生活体验，提升他们对孤独的认识：学会承受孤独，战胜孤独，并在孤独中成长。

五、教师寄语，收获成长

同学们，今天我们跟着杜小康，一起走完了这段孤独之旅，我想我们每个同学的内心一定品尝到了一份孤独的味道，酸甜苦辣咸尽在其中。

最后，送给大家一句话：

"少年时就有一种对待痛苦的风度，长大时才有可能是一个强者。"

——《青铜葵花》曹文轩

3. 课堂教学具有自主性

课堂教学的自主性，我们实施的路径主要有两种：一是从学法上采用"自主—合作—探究"的方式来实现学生的自主学习；二是从教与学的顺

三自教育

序上实现学生学习的自主性，遵循"先学后教"的思想，推行"学生十先"原则：教材先预习，目标先确定，问题先提出，思路先讲解，疑难先交流，错误先分析，规律先提炼，成果先展示，结论先概括，运用先尝试。教师在课堂上的主要活动就是：给足时间—教给方法—反馈矫正—积极评价。

合作学习是目前体现学生学习自主的最好方式，我们的自主、合作学习要尽量做到九个"尽可能"：目标尽可能让学生明确，知识尽可能让学生发现，过程尽可能让学生参与，问题尽可能让学生先提，得失尽可能让学生评价，内容尽可能让学生选择，方法尽可能让学生领悟，疑难尽可能让学生探究，检查尽可能让学生自查。

通过研究，我们知道，学习自主性课堂的核心就是：以人为本，把学生放在学习的主体地位。这和一言堂、满堂灌的应试教育课堂是相对立的。课堂上把学生的"要我学"变为"我要学"，课堂不再以教师为中心，教师只是学生探求知识过程中的组织者、指导者和引领者。自主性课堂的一个最主要的特点就是合作学习。其主要的学习方式就"自主、合作、探究"。

如：在教授数学"长方形、正方形、平行四边形"的知识时，我们的自主性课堂是这样设置教学环节的。①设问题情景。让学生观察三种图形的边角特征。②小组合作探究：借助直尺、三角板分别探究这三种图形的边角特征。③全班讨论交流：三者的相同和不同之处。④实践运用：a．请学生钉子板上分别围一个长方形、正方形、平行四边形；b．让学生动手拉自制长方形的四个角，观察发生了什么变化。

这样的教学过程，没有教师的一味灌输，所有的知识都来自学生的自主、合作、探究的过程。这样的课堂，就是自主性课堂。

附："角的初步认识"教学设计★
"角的初步认识"教学设计

一、教材及学段分析

教材分析：

本内容安排在二年级上册书的第三单元。在一年级的学习中，学生学习了立体图形，并且积累了由立体图形中抽象出长方形、正方形、三角形和圆的活动经验，对平面图形有了初步的认识。本单元是在一年级的基础上，进一步拓展学生对图形的认识。因为学生是第一次接触角的概念，角作为一个抽象的图形，与学生头脑中想象的生活中的墙角、桌角不尽相同。因此，在教学中要培养孩子的观察能力，就要先让学生经历由实物中发现、抽象出角的过程，直观认识角；再由抽象到直观，自主探究，通过动手做角等操作活动，使学生对角的认识更为深刻，由直观到抽象；从多角度培养学生自主探究的能力，帮助学生加强对角的认识。并且通过观察、做图、实践、操作等活动发展学生的空间概念。

学段分析：

学生已经初步认识了长方形、正方形和三角形，并且能准确地判断出各种图形，也就是说学生已经具备了有关角的感性认识。但是，低年级学生的认知规律是以具体的形象思维为主的，因此，这部分内容对于二年级学生来说，比较抽象，接受起来较为困难。角在生活中随处可见，如果让学生找这些图形，对他们来说一点也不困难，但由实物抽象出角，说出角的特点，会比较困难，有可能混淆生活中的角和数学意义的角，例如可能会跟笔尖、钉子尖等混淆，因为那些东西摸起来也是尖尖的，也很扎手。因此需要不断地让学生感知，不断丰富学生的感性认识，由感性到理性，由具体到抽象，再到具体。

二、学习目标及重难点

教学目标

知识目标：经历从图形中抽象出角的过程，直观认识角，知道角的各部分名称，通过观察和操作认识到角是有大小的，能够直观区分角的大小。

能力目标：培养学生的观察能力、动手操作能力和抽象能力，初步发展空间观念。

教学重难点：

经历从实际物体中抽象出角的过程，直观认识角，角的大小和张口大小有关。

三自教育

三、课前准备及课时

要完成这节课，不需要在本课时前进行教学。但是课后应在日常教学中注意观察能力的培养，让孩子自主探究，借助具体的实物，由具体到抽象，发展空间观念。

教学准备：

课件、信封（连接条）。

教学课时：1课时。

四、学习过程：

教师活动			学生活动		
活动	活动意图	预计时间	活动	活动意图	预计时间
1. 课堂引入	学过的平面图形被遮住了，猜是什么图形	2分钟	1. 发现角	通过摸一摸感受角的边、顶点，在头脑里形成角的表象，丰富感性认识	6分钟
2. 角的特征	帮忙整合、板书	2分钟	2. 自主探究、合作，发现角的特征，汇报	培养学生观察，发现能力，培养自主合作学习和抽象思维能力	5分钟
3. 展示学做的活动角	引导学生，不同方向的角，还是角	3分钟	3. 发现生活中的角	数学源于生活，寓于生活，同桌互相说一说	2分钟
4. 和孩子一起，用手做一个活动角，	感知角的两边张口越大，角就越大	2分钟	4. 判断角	自己当小老师，讲解	3分钟
5. 分享老师找的生活中的角	使学生加深对角的理解	1-2分钟	5. 做活动角。展示角	创造角的过程，掌握角的特征，同时有助于发展空间观念，培养动手能力	5分钟

教师活动	学生活动		
6. 总结	6. 感知活动角	感受角的大小与两条边的张口有关，发展空间观念	8分钟

4. 课堂教学具有思辨性

发展学生的思维能力，是各个学科共同的目标。美国教育家约翰·格里高利说："不经思考而看见或读到的事实一小时后就会被忘却，只需思考10分钟，10年后这一事实很可能仍然记忆犹新。"反观我们的课堂，过多地注重知识的传授，而较少发展学生的思维能力。很多课堂就是教师讲，学生练，题海战术或者机械重复、死记硬背。我们总是匆匆忙忙，急于给学生答案，缺少让学生自己去思考、去探究的时间。因为缺少思考与探究，孩子自然就会缺少对知识的好奇与兴趣，学习也就变得被动。正如我们对走路的自信来源于自己学会走路，而不是看着其他人走路，学习也是一样的道理。约翰·格里高利说："教师的首要责任不是教授知识，而是唤醒心智。课堂上要竭力去做，直到每一个学生都开始动脑筋，开始轮流提问。"其实这种观点，中国教育家孔子早在一千多年前，就鲜明地提出并这样做的：不愤不启，不悱不发。只有学生主动地去思考、爱思考，学习的积极性才会被真切地调动起来。学生养成了会思考、爱思考的习惯，终身学习，唤醒心智也才成为可能。所以，我们的课堂要让学生思考，要设计让学生思考的问题梯度，要由浅入深地、循序渐进地，让学生逐步体验到思考的快乐；不能只追求课堂表面的热闹，而要学会接受思考的沉默和冷场，让学生的知识获得，是在其自己思考之下的真实所得。这样的课堂，也才是学生自主的课堂。

在研究中，我们发现，应试教育和素质教育最大的区别就在于：素质教育关注学生的思维品质的发展，应试教育只要求学生死记硬背，机械记忆。只有学生主动地去思考，爱思考，学习的积极性才会被真正地激发出来。学生养成了爱思考、会思考的习惯，终身学习才会成为可能。

课堂教学的思辨性，我们主要通过有效问题的设置来实现。思维品质直指学生的核心素养。我们研究发现："有效的问题"是培养学生思辨能力最有力的手段。我们探究出"有效问题"的三大关注点：关注学生的兴趣点、关注教材的疑难点、关注学生的思维发散点。我们遵循"先易后难，循序渐进"的提问原则，以创造性思维口诀"假、列、比、替、除"等方法来进行问题设置，以培养学生的思考能力、思辨能力。

如，我校一位优秀数学老师，上课常挂嘴边的两句话就是："你发现了什么？为什么是这样呢？"问其原因，他说："学习不是发生在学生身上，而是由学生发生。我们只是引导他们去发现、去探索。他们经历了多少，就学到了多少。"这样的课堂，一定就是我们所追求的思辨性课堂。

我校之前的课堂，学生没有问题意识，不敢质疑书本，不敢质疑老师，所以，我们提倡的思辨性，又侧重于培养学生思维的批判性。我们要求学生在学习过程不盲从附和、不人云亦云，不膜拜权威，不轻信书本，对于不符合现实的传统理论、思想、观念等，敢于进行挑战，敢于质疑，敢于发表自己的看法。

如，教"草船借箭"一课，有位同学对题目提出质疑："我觉得题目中的'借'字不恰当，应改为'骗'字。"这个问题若放在以前，我们可能会认为学生是在捣蛋，会直接无视这个声音。但是我们现在的课堂，尤其重视这个声音。我们会很好地抓住这个契机，让同学们想一想，议一议，说说"借"和"骗"字到底哪个更恰当。我们会表扬提出质疑的同学。课堂上，教师将一些质疑转化为教育的契机。

附："鸡兔同笼"教学设计★

"鸡兔同笼"教学设计

【教学内容】

新人教版四年级下册第103—104页内容。

【设计理念】

学生展开讨论，从多角度思考，运用列表法、画图法和假设法解决"鸡兔同笼"问题。学生根据自己的经验，逐步探索不同的方法，找到解决问题的策略，通过小组合作交流学习，积累解决这类问题的经验，同时渗透化繁为简的研究思想。在教学过程中为学生提供探索和交流的空间，鼓励

第三章 学习自主提高了学生自主发展的学习力

学生自主探索与合作交流。通过创设的情景，让学生投入解决问题的实践活动中去，自己去研究、探索、经历数学学习的全过程，把所学到的数学知识应用到生活中去，以数学的思维分析身边的事物，体会数学的价值。

【教材分析】

"鸡兔同笼"问题是我国民间广为流传的数学趣题，能培养学生逻辑推理能力。本节课要对《孙子算经》中记载的"鸡兔同笼"原题进行介绍。由于"鸡兔同笼"原题的数据较大，不便于学生进行探究，所以教材以化繁为简的思想为指导，先在例1中以一道数据较小的"鸡兔同笼"问题让学生探索解决的方法。教材先让学生利用列表法来解决问题，再向学生介绍"假设法"的解题思路。学生可以根据自己的经验，逐步探索不同的方法，找到解决问题的策略，通过合作交流学习，积累解决问题的经验，掌握解决问题的方法。

【学情分析】

对于四年级学生来说，研究"鸡兔同笼"问题有一定的难度，尤其是对于假设法的理解。所以在这节课当中，主要借助教材上的列表法同时结合引导学生画图的方法，再配合假设法，让学生在动手操作的过程中弄懂鸡兔同笼问题的基本解题思路。在画图的过程中充分调动了学生的积极性，经历了一个探索的过程，这时候再介绍假设法就可以水到渠成，达到运用多种方法解决问题的目的。

【教学目标】

1. 知识与技能：尝试用不同的方法解决"鸡兔同笼"问题，理解用列表法、画图法和假设法解决鸡兔同笼问题的解题思路。

2. 过程与方法：在观察、分析、猜测、验证的过程中渗透化繁为简、假设、有序等数学思想，培养学生的逻辑推理能力。

3. 情感态度与价值观：了解我国古代数学的光辉成就，感受古代数学问题的趣味性，增强民族自豪感。

【教学重点】

掌握用列表法、画图法和假设法，并用这些方法解决鸡兔同笼问题，

三 自 教 育

体会解决问题策略的多样化。

【教学难点】

理解并掌握用假设法解决"鸡兔同笼"问题。

【教具准备】

多媒体课件。

【学具准备】

探究卡。

【教学过程】

一、创设情景，游戏导入

"猜只数"游戏：

师：下面我们一起来玩猜只数的游戏，老师说，请同学们猜猜分别有几只兔和鸡？有 2 个头，6 只脚是几只鸡和几只兔子？3 个头，8 只脚是几只鸡和几只兔子？3 个头，10 只脚是几只鸡和几只兔子？

【设计意图】：通过猜只数游戏初步感知熟悉鸡和兔相应的头数和脚数，创设游戏情境，很自然地引入课题。

二、尝试探究，自主建构

1. 分析信息，找出关键信息，自主探究列表法。

出示例 1：笼子里有若干只鸡和兔。从上面数，有 8 个头，从下面数，有 26 只脚。鸡和兔各有几只？

仔细观察，你发现什么关键信息？还有什么隐藏的信息？

找到题中信息：①鸡和兔共 8 只；②鸡和兔共有 26 只脚。隐藏信息：③鸡有 2 只脚；④兔有 4 只脚。

在填表时要抓住哪个条件呢？（鸡和兔一共是 8 只）

怎样才能确定猜测的结果对不对？（把鸡的脚的数量和兔的脚的数量加起来看是不是等于 26）

先独立思考，完成探究卡上表格，注意要有序思考。完成后可以和同桌交流一下你从表格中发现了什么规律。

展示两种情况的表格。

小结：我们从"如果全部是鸡"，有16只脚开始列表，多1只兔子就会减少1只鸡，脚就增加2只。或者从"如果全部是兔"，有32只脚开始列表，每增加1只鸡，就会减少1只兔，脚就减少2只。

【设计意图】通过列表法，让学生寻找这道鸡兔同笼问题的答案，增强学生的自信心，激励他们自主探究数学问题的动力。

三、合作探究画图法，假设法

师：除了列表法之外，还有没有简单形象的方法呢？

小组合作交流，探讨方法。

小组展示，交流时重点让学生说说每一步的意思，着重说说推理的过程。

师在黑板贴出画图法，假设法。

除了假设笼子里的全部是鸡，还可以怎样假设？你们能自己解决吗？学生独立完成探究卡上的第三题，不懂的可以向组内其他同学请教。投影，请学生交流。

教师梳理总结：通过刚才我们的画图和推理，我们假设都是鸡或都是兔，所以把这种方法叫作假设法。这种方法能化难为易，是解答鸡兔同笼问题的一种基本方法。

【设计意图】学生借助画图探究假设法，把抽象的逻辑思维问题转化成直观的形象思维问题，使复杂的问题变得简单了，学生能体验到转化、数形结合在数学解决问题中的妙用。

四、拓展延伸，推广应用，超级大脑闯关练习。

第一关：现在你们能解决《孙子算经》中的数学趣题了吗？请大家试一试。

投影展示请同学讲解。

第二关：鸡兔同笼问题在生活中的应用，请同学们完成探究卡上的第2题。

【设计意图】拓宽学生的视野，使学生体会到"鸡兔同笼"问题在生活中的广泛应用，感受数学学习的价值，也让学生体会到数学就在我们身边。

五、回顾目标，总结提升

对照学习目标，回顾这节课的学习，你有什么收获？

（二）课堂"四环"的操作要义

经过研究，我们探究出我校的"四环"课堂模式。课堂"四环"指课堂实施的四个环节，即"目标导学—自主研学—合作议学—反馈评学"。我们倡导课堂环节简洁明了，摒弃一切浮华与作秀，以简洁、清晰、精练的外在形式展现课堂丰富的内容。四环课堂的核心是自主学习，学习方式是"自主、合作、探究"的方式，只是根据学科的不同，"四环"在具体的操作上，有所不同。

"目标导学"主要激活学生情知，明了学习任务，以便充分发挥学习目标的导向功能、控制功能、激励作用和评价功能。

"自主研学"中自主学习是该环节的基本方法，自主性主要体现为学生在问题的驱动下，自立、自律、自为地开展学习。每个学习主体都具有自我独立的心理认知系统，学习是其对外界刺激信息独立分析、思考的结果，具有其独特方式和特殊意义，这个过程是任何人不能代替、不可替代的。

"合作议学"指学生对疑难问题的合作研讨，交流展示，以生生互动、师生互动的方式展开。通过合作议学，来调动学生学习的兴趣，培养学生的合作精神，提高学生的交往能力，让每一个学生都有参与的机会、表现的机会，都获得不同程度的进步。

"反馈评学"指课堂教学行将结束时的综合性练习检查，这是评价本堂课教学质量的重要手段。当堂反馈要有目标性和针对性，以便最大程度地检验课堂的教学效果。

"四环"课堂的四大环节环环相扣，逐步推进，共同形成了学生自主学习过程的完整链条。

三、"四性四环"课堂的学科模型

我校的"四性四环"课堂的学科模型，是以语文、数学学科为主深入分析教学内容，分析学生的理解层次，以发展学生学科核心素养为导向，设计课堂问题，以问题情境为线索，展开课堂教学，落实教学目标。并基于教学实践，科学设计课堂问题的建议。

(一) 语文"四环"课堂模式

语文"四环"课堂模式是指激情引入，目标导学；整体感知，自主探究；合作学习，深入研讨；总结反馈，拓展延伸。

1. 激情引入，目标导学

我们的课堂，在开课以后，老师将出示本堂课的学习目标，目标简洁明了，要体现方法路径，易于检测考量。

2. 整体感知，自主探究

语文课堂，要遵循"整体—局部—整体"的课文学习理解过程。在整体把握之后，再在问题的引导下自主探究学习，且探究学习的时间要充分，这是合作学习的基础。

3. 合作学习，深入研讨

充分的自主学习后，学生就聚焦难点，小组内深入研讨，然后再选出代表，在班级汇报小组研讨结果，教师适时点拨指导。

4. 总结反馈，拓展延伸

教师带领学生从知识、能力、方法上总结，对学习情况进行反馈；并联系生活，拓展延伸。

附1：《海燕》教学设计★

题 目	《海燕》教学设计				
	——一首革命的赞歌，一声奋进的号角				
科目	语文	版本	部编版	教学对象	九年级
课时	1课时				
教材分析					
《海燕》是部编版九年级（下）第一单元中的一篇文章，这一单元都是诗歌，重在通过诵读感受诗歌韵律，把握诗歌意象，体会诗人情感。其中《海燕》是一首散文诗，它以象征手法塑造了"海燕"的艺术形象，勇敢地面对即将来临的革命风暴，被誉为"战斗的革命诗歌"。它既是一首充满激情、富有节奏感的抒情					

三自教育

题　目	《海燕》教学设计

诗，又好似一同幅色彩明丽，具有流动感的油画，兼具诗的音乐美和绘画美，给人以很强的艺术感染力。然而海燕之美，不仅在于音乐美和绘画美，更在于它的精神之美，任时光流转、沧海桑田，它跨越国家、民族、时代来到我们面前，告诉我们：迎难而上吧，没有什么可以将我们打倒！

　　同时《海燕》作为一首散文诗，蕴涵丰富，语言精美，对学生开阔视野、提高朗读能力、鉴赏能力和写作能力也是大有裨益的。

学情分析

　　初三学生已具备一定的诗歌诵读能力和鉴赏能力，但对于像本文这样具有深厚意蕴的散文诗，学习时则容易出现"抓表层易，知本质难"的现象；学生虽已学过象征手法，但对它的概念还较为模糊，理解也不够透彻，且难以转化为自己的写作技巧运用到写作中去。因此在教学时要考虑让学生多读多思，重视引导学生联系时代背景、社会现实和已学知识，多运用自主、合作探究的方法去理解巩固已学的知识。

教学目标（知识与能力、过程与方法、情感态度与价值观）

1. 反复诵读课文，掌握诗歌朗诵的技巧方法，体会诗情、诗理和诗味，培养学生诵读、鉴赏散文诗的能力。
2. 学习本文使用的典型写作手法，重点体会象征手法在本文中的运用。
3. 结合实际，运用发散思维，领会"海燕"精神的现实意义，培养学生勇敢顽强、乐观自信的品质。

教学重难点

教学重点：反复朗读课文，掌握诗歌朗诵的方法，体会散文诗优美的意境，理解文中艺术形象的象征意义。
教学难点：理解本文的象征意义并结合实际把握"海燕"精神的现实意义。

教学方法

诵读品味法、情境创设法、活动激趣法、读写结合法、多媒体辅助等。

教学准备

1. 教师准备：研读课文，查阅相关资料，撰写教案，制作课件；准备课外阅读材料。
2. 学生准备：通读课文，给生僻字词注音。

教学大纲	教学过程	设计意图
一、呼唤"海燕"——设置悬念，激发兴趣	在波涛汹涌的大海上，飞翔着这样一种鸟，它有大海赋予的坚硬的翅膀，它有风浪赋予的不屈的灵魂，每当暴风雨来临之前，它常在海面上飞翔，因而被称为"暴风雨来临前的预言者"。你们知道它是谁吗？	集中学生的注意力，营造课堂气氛，调动学生学习的兴趣。

题 目	《海燕》教学设计	
二、走近"海燕"——训练朗读、指导方法	（一）文学常识： 1. 高尔基：苏联伟大的无产阶级文学作家，著名作品有《童年》《在人间》《我的大学》，长篇小说《母亲》。 2、散文诗：具有散文的描写性和诗歌的表现力。一般篇幅短小，多采用暗喻和象征等艺术手法。 （二）自由朗读： 请同学们根据自己的理解读出你心中的海燕。要求： 1. 给易读错字注音。 2. 如果你要朗诵这首诗，你会选择哪种风格的配乐？ A. 轻快活泼 B. 哀婉低沉 C. 慷慨激昂 3. 你的朗读会分成几个层次？依据是什么？ （三）学生齐读前三段： 学生互评、教师总结朗读技巧： 基调：慷慨激昂、充满激情 文句：把握语调、注意停顿 情感：读准重音、情绪饱满 （四）教师范读： 范读前三个自然段，善用朗读符号标记：/ · ↓ ↑ →	在读中悟，在悟后读，通过多形式、多角度的朗读、听读，感受诗歌的基调，整体感知全诗的意境和结构，并学会使用朗读符号进行标记，提高朗读能力。
三、观察"海燕"——分析形象，感悟象征	（一）乘风破浪，无惧风雨——感悟海燕形象 1. 请勾画出你喜欢的一句或一段诗歌，并用朗读符号进行标记再诵读。 2. 谈谈你从这个句子感受到这是一只____的海燕？ 3. 诗人描写海鸥、海鸭、企鹅有哪些特点？又有何用意？ （二）风起云涌，迎击巨浪——领悟海燕象征意义 1.默读《海燕》创作背景，思考：作者赞美海燕是在赞美谁？嘲讽其他海鸟是在嘲讽谁？	抓关键词语，揣摩其作用，理解海燕的形象。训练学生的概括能力和诵读能力。 从平日所见所闻找出相关例子，体会"海燕精神"的现实意义。拉近"海燕"和学生之间的距离，培养学生的知识迁移能力和乐观自信的品质。

三自教育

题 目	《海燕》教学设计	
三、观察"海燕"——分析形象，感悟象征	背景补充，引出"象征"手法并结合背景和所学知识进行理解、分析。 2. 你还能找出诗歌中哪些具有象征意义的意象？它们分别象征着什么？	抓关键词语，揣摩其作用，理解海燕的形象。训练学生的概括能力和诵读能力。 从平日所见所闻找出相关例子，体会"海燕精神"的现实意义。拉近"海燕"和学生之间的距离，培养学生的知识迁移能力和乐观自信的品质。
四、学习"海燕"——迁移延伸，领会精神	（三）无畏无惧，勇敢绽放——体悟海燕精神 1. 讨论交流：你认为"海燕精神"是一种怎样的精神？你在哪些人身上看到了这样的精神？请试举一例。 2. 延伸阅读：读中科院学生黄国平博士论文致谢部分，勾画出打动你的地方，并结合"海燕精神"和自己的感受与一句话留言评论。 3. 小结：教师寄语	培养学生的发散思维能力和语言表达与运用能力，促进学生对文本情感的升华体验。
五、作业设计	1. 将文中自己喜欢的诗句摘抄并背诵下来。 2. 了解高尔基的"自传体三部曲"。	
板书设计		
海鸥、海鸭、企鹅 海　燕　勇敢顽强 　　　　　积极乐观 革命先驱		朗读小贴士： 确定基调、慷慨激昂 把握语调、调节语速 注意停顿、读准重音

附2：《茅屋为秋风所破歌》教学设计★

题目	《茅屋为秋风所破歌》教学设计 ——位卑未敢忘忧国			
科目	语文	版本	部编版	教学对象	八年级
课时	第二课时			

教材分析

　　《茅屋为秋风所破歌》选自部编版八年级（下）第六单元，本单元所选文章都是传统名篇，表现了古人的哲思和情怀，学习时重在通过反复诵读，培养文言语感，欣赏课文中的精彩语句，体会其人生感悟，并从中得到思想启迪和情感陶冶。

　　本诗是唐代伟大诗人杜甫旅居四川成都草堂期间创作的一首歌行体古诗。此诗叙述作者的茅屋被秋风所破以致全家遭雨淋的痛苦经历，并由此及彼想到"天下寒士"，体现了诗人忧国忧民的崇高思想境界和沉郁顿挫的诗歌风格，是杜诗中的典范之作。

　　学习本诗，有利于进一步掌握歌行体形式自由、用韵自由的特点，可以训练学生诵读文言文的能力；本诗情感炽烈、内涵丰富、境界高远，有利于提高学生的审美情趣、培养学生的家国情怀。

学情分析

　　八年级的学生已具备一定的文言基础知识，借助工具书和注释理解课文内容的能力有所提高，因此在教师的引导下疏通起来并不困难。同时学生已学过杜甫的《春望》和《石壕吏》，对诗人有一定了解，对其情怀也较容易产生共鸣。但因为文章年代久远、学生人生阅历尚浅且深入品读鉴赏的能力尚不成熟，要深入解读文章内涵、理解诗人推己及人的忧国忧民的情怀还是有一定难度。因此在教学过程中，要充分引导学生联系背景知识、助读材料和个人经历，主要通过自主、合作、探究的方式去理解文章的内涵。

教学目标（知识与能力、过程与方法、情感态度与价值观）

　　1. 通过反复诵读和比较本诗与《春望》在语言上的区别，了解歌行体的体裁特点。
　　2. 聚焦细节，学会运用反复朗读、改写比较（炼字）、发现矛盾、鉴赏手法等一系列文本细读的方法。
　　3. 通过比较阅读，体会诗人忧国忧民、舍己为人的崇高情怀，树立"国家兴亡，匹夫有责"的信念。

教学重难点

　　教学重点：
　　1. 通过反复诵读和比较本诗与《春望》在语言上的区别，了解歌行体的体裁特点。
　　2. 聚焦细节，学会运用反复朗读、改写比较（炼字）、发现矛盾、鉴赏手法等一系列文本细读的方法。
　　教学难点：
　　通过比较阅读，体会诗人忧国忧民、舍己为人的崇高情怀，树立"国家兴亡，匹夫有责"的信念。

三自教育

题　目	《茅屋为秋风所破歌》教学设计 ——位卑未敢忘忧国	
教学方法		
诵读品味法、比较阅读法、活动激趣法、读写结合法、多媒体辅助等。		
教学准备		
1. 教师准备：研读课文，查阅相关资料，撰写教案，制作课件； 2. 学生准备：积累文言字词，扫清字词障碍，了解课文主要内容。		
教学过程		
教学过程	教师活动	设计意图
一、以诗导文，温故而知新	活动：背诵《春望》一诗，思考从格律上来讲《春望》是一首五言律诗，那么《茅屋为秋风所破歌》的体裁又是什么呢？ 春望 杜甫【唐】 国破山河在，城春草木深。 感时花溅泪，恨别鸟惊心。 烽火连三月，家书抵万金。 白头搔更短，浑欲不胜簪。	复习导入、设置悬念，引起学生好奇心，调动学习兴趣。
二、以韵入文，比读识文体	活动（一）：比较阅读这两首诗，结合表格思考两者在语言形式上最明显的不同是什么。 | 题　目	《春望》（律诗）	《茅》（？）
篇　幅		
每句字数		
用　韵		| 活动（二）：齐读诗歌，感受歌行体诗歌的变化美、节奏感。 | 语调	语气
---	---
平直调	叙述、说明、庄严、思索、平静
高升调	反问、疑问、惊异、兴奋、紧张、号召、愤怒……
降抑调	肯定、感叹、坚决、自信、赞扬、悲愤、沉痛……
曲折调	曲折调 讽刺、夸张、反语、意外、讥笑		首先通过比较两首诗在语言形式上的不同，体会歌行体诗歌的文体特点。然后根据教师的引导，尝试朗读，发现朗读和情感之间的关联。 　　培养学生对比分析能力和诗歌诵读能力。

100

第三章 学习自主提高了学生自主发展的学习力

题目	《茅屋为秋风所破歌》教学设计 ——位卑未敢忘忧国	
三、以法解文，精读品"叹息"	活动（一）：细读"秋风卷茅"之无情 1. 反复朗读诗歌第一节，你认为哪些字、词应读重音？请用"．"号标注出来。 2. 你从中体会到了诗人怎样的情感？请边读边思，试着用语调升降符号在文中标记。 活动（二）：品味"群童抱茅"之叹息 1. 请听老师朗读诗歌第二节，并做评价。 2. 结合助读材料，聚焦矛盾，思考诗人为何"叹息"。 助读材料1：背景知识 公元760年，49岁的杜甫终于结束了10年客居长安、4年颠沛流离的生活，来到成都。当时安史之乱尚未平定，杜甫靠亲戚朋友的帮助维持生活。这年春天，他求亲告友，好不容易在浣花溪畔盖起了一间草堂，过上了暂时安定的生活。 助读资料2： 《江村》（作于草堂建成之时） 清江一曲抱村流，长夏江村事事幽。 自去自来堂上燕，相亲相近水中鸥。 老妻画纸为棋局，稚子敲针作钓钩。 但有故人供禄米，微躯此外更何求？ 活动（三）：探究"秋夜屋漏"之凄惨 小组合作：请灵活运用以下文本细读的方法按要求继续探究"秋夜屋漏"部分。 方法：反复朗读、改写比较、发现矛盾、赏析手法、联系背景、总结归纳…… 要求：进行几次诵读，找一处内容并对其进行改写。	通过聚焦细节、品味细节、延伸阅读等方式学习文本细读的方法，从而学以致用进行小组合作探究。 训练学生的合作探究能力、语言鉴赏能力和材料分析、整合能力。

三自教育

题目	《茅屋为秋风所破歌》教学设计 ——位卑未敢忘忧国	
四、以情品文， 以读悟情怀	活动（一）：感受"祈求广厦"之情怀 1. 自由朗读最后一节诗歌，注意这一节诗句的韵脚，体会诗人情怀。 2. 读白居易的《新制布裘》一诗，比较并讨论两首诗在情感上的异同之处。 助读材料：《新制布裘》白居易 桂布白似雪，吴绵软于云。 布重绵且厚，为裘有馀温。 朝拥坐至暮，夜覆眠达晨。 谁知严冬月，支体暖如春。 中夕忽有念，抚裘起逡巡。 丈夫贵兼济，岂独善一身。 安得万里裘，盖裹周四垠。 稳暖皆如我，天下无寒人。 活动（二）：杜甫在这首诗中彰显的精神，在今人的身上是如何体现的？请你试举一例。 （播放视频，引导学生树立远大理想、承担起建设祖国的责任感、使命感。）	通过自由朗读、比较阅读等方法感受诗虽一生穷困潦倒却依旧忧国忧民的博大胸襟，真正体会其情怀的崇高和伟大之处。 然后引导学生联系生活实际思考杜甫精神的现实意义，训练学生的发散思维能力和表达能力，同时培养学生的爱国主义情怀。
五、作业设计	1. 背诵诗歌。 2. 通过图片、视频、文字或实地走访等形式了解杜甫草堂，写一篇随笔表达你的所见所感。	
板书设计		
茅屋为秋风所破歌（杜甫） 焦灼、怨愤、无奈——叹自己之苦 凄惨、痛苦、惆怅——叹家人之苦 忧国忧民、舍己为人——叹天下之苦		

（二）数学"四环"课堂模式

1. 自主探究学习

教师在课前制订自学提示，提出学习的内容、要求及自学方法，课堂上以"自主学习"的形式呈现给学生。

2. 合作讨论学习

自主交流，人人在组内汇报交流，人人发言、人人发表见解；形成初步知识结构；分工合作，为交流展示做好准备，培养团队精神。

3. 引导交流学习

在这一环节，老师通过点拨、引导、启发、总结、拓展等方式，帮助学生总结学习方法，解决学习困难。

4. 当堂反馈练习

我们要求课堂教学必须要有当堂检测的环节，帮助师生及时了解学情。

附3："分式的基本概念"教学设计★

"分式的基本概念"教学设计

第一课时 分式的基本概念

【学习目标】

1. 能判断一个代数式是否为分式。

2. 能说出一个分式有意义的条件。

3. 会求分式值为零时，字母的取值。

【学习重点】

分式有意义时，会求字母的取值范围。

【学习难点】

分式值为零时，求字母的取值

【学法指导】

先认真看书，然后独立完成，最后小组交流，不懂之处要做上记号。

【自主探究学】

1. 自学教材 2—3 页，用双色笔勾出概念及重要知识点，在有疑问之处要做出记号。

2. 通过预习，完成下面的问题。

（1）甲每小时做 x 个零件，5 小时可做 _____ 个零件。

（2）长方形的面积为 2cm，长为 3cm，则宽应为 _____ cm；

（3）长方形的面积为 S，长为 a，宽应为 _____；

（4）6 箱苹果售价 p 元，每箱苹果的售价是 _____ 元；

（5）公交车的速度是每小时 a 千米，小汽车每小时的速度比它的 2 倍少 15 千米，那么小汽车小时行驶 _____ 千米；

（6）小明家离学校路程有 2 000 米，他以每分钟 V 米的速度步行上学需要 _____ 分钟。

请你将刚才所写的代数式中，分母有共同特征进行分类，并将同一类填入一个圈内。

特征：分母中不含字母特征，分母中含有字母。

3. 归纳总结

（1）分式的概念：形如(A、B 是整式，且分母 B 中必须含有_____，B ≠ 0)的式子，叫作分式（其中 A 叫作分式的分子，B 叫作分式的分母）。

（即：整式 A、B 相除可写为的形式，若分母中含有字母，那么叫作分式。）

（2）_____ 和 _____ 统称有理式。

（3）分式的意义：

分母中字母的取值使：①分母 ≠ 0，则分式有意义；②分母 =0，则分式无意义。

（4）分式的值为 0：当 _____ 为零且 _____ 不为零时，分式值为零。

【合作讨论学】

例. 当 x 为何值时时，下列分式有意义

　　　（1）　　　　　（2）

解：（1）要使分式有意义，分母的值不能为 0

所以 3x ≠ 0，即 x ≠ 0

所以 x ≠ 0 时，分式有意义

【引导交流学】

分式有意义的条件。当 x 取何值时，分式的值为 0？

温馨提示：分式的值为零的条件是分子 A=0 且分母 B ≠ 0，二者缺一

不可。

【当堂反馈练】

1. 当 x_____ 时，分式有意义。当 x_____ 时，分式没有意义。
2. 当 x_____ 时，分式的值为 0。
3. 当 x 取什么值时，下列分式有意义？
   （1）_____；（2）_____。

【学习总结】：

四、"四性四环"课堂模式的成效

我们的"四性四环"课堂模式，体现的是以生为本，关注的是学生学习主体性地位，关注的是学生学习力的发展。自从实行"四性四环"课堂模式后，我们发现，学生学习兴趣明显增强，课堂效率提高，学生学业成绩整体提升很大。近三年来，我校学生在全区学业质量检测中，整体排名位于全区前茅，分别两次荣获全区"综合考评一等奖""教学质量优胜单位"荣誉称号。近三年中，有近 800 名同学在各种作文比赛、诵读比赛、书法比赛中获得各种荣誉奖项；我校初中学生升入高一级学校人数逐年攀升，中考成绩均位列全区第二，社会反响非常好。家长满意度大幅度提高，并赢得上级领导的一致认可。

三自教育

第三节　学生自主评价

内驱力是个人发展的内部动机，是源于个人需要的一种内部推动力和内部刺激，是实现个人发展目标的精神支撑。在学生的发展过程中，如何激发他们对自身发展的内在需求，是自主教育中必然包含的重要环节，也是学生能实现自主发展的重要保证。在我校的自主教育实践过程中，通过自主评价来激发学生自主发展的内驱力成了一种行之有效的的方式。

一、学生自主评价的含义

自主评价其中的寓意主要是在于培养学生自觉与主动地进行自我审视、自我检验、自我完善的行为品质。当学生对自我发展有了主动性，就会按照自己规定或设置的目标行动，而不依赖外力推动，由个人的需要、动机、理想、抱负和价值观等推动。我校在自主教育特色学校建设中，实施了以学生为主体的自主评价机制。

（一）学生评价

学生评价是指在一定教育价值观指导下，根据一定的标准，运用现代教育评价的一系列方法和技术，对学生的思想品德、学业成绩、身心素质、情感态度等的发展过程和状况进行价值判断的活动。

学生评价不仅包括教育者对学生的评价，也包括学生的自我评价。实践证明，任何评价如果没有被评价者的积极参与，就很难达到预期目的。当代教育评价已不把被评价者作为被动的客体，而是把他们视为参与评价的主体，采取各种途径和方法，使之积极参与评价过程。他评和自评的结合，不仅可以增加评价结果的客观性和科学性，还可以帮助学生提高自我评价能力，培养学生自主适应社会发展需求的自我调控能力。因此，培养学生的自我评价能力本身就是促进学生身心发展的一项重要措施。

学生评价可分为他人评价和学生自我评价两大类。

1. 他人评价

他人评价，是指教师、家长或其他学生等依据一定的标准，对被评价者的思想品德、学习行为、身心素质和情感态度进行价值判断的活动。

2. 自我评价

自我评价，是使学生作为评价主体，依据一定的标准对自己的期望、品德发展状况、学习行为与结果及个性特征进行判断与评估，是学生自我认识、自我分析、自我提高的过程。

（二）学生自主评价的特点与内容

自主评价是自我评价的一种发展模式，是学生通过自觉和主动的意识对自己思想、愿望、行为和个性特点持续做出判断和评价活动。学生把自己当作认识主体从客体中区分出来，开始理解我与物和非我关系后，在别人对自己评价和自己对别人言行评价的过程中，逐渐学会自我评价。自主评价是自我评价发展的产物，突显了评价的激励、反馈、调整和改进功能。

1. 特点

自主评价中最显著的特征就是要"培养自主性"，让学生实实在在地参与评价过程，是"促进学生主动发展"的重要举措。

2. 内容

自主评价主要包括学业评价、活动评价、品行评价和能力评价。自主性评价强调学生自主的同时，还辅以他人评价，即教师评价、家长评价、同伴评价和社会评价等多种形式。

二、学生自主评价的心理学基础

（一）自我意识

自我意识是对自己身心活动的觉察，即自己对自己的认识，具体包括认识自己的生理状况（身高、体重、体态等）、心理特征（如兴趣、能力、气质、性格等）以及自己与他人的关系（如自己与周围人们的关系，自己在集体中的位置与作用等）。自我意识具有意识性、社会性、能动性、同一性等特点。自我意识的结构是从自我意识的三层次，即知、情、意三方面分析的，是由自我认知、自我体验和自我调节（或自我控制）三个子系统构成。自我意识的形成原理包括：正确的自我认知、客观的自我评价、积极的自我提升和关注自我成长。人生不同的发展阶段，其自我意识的形成各有特点。

自我意识是人的意识的最高形式，自我意识的成熟是人的意识的本质特征。它以主体及其活动为意识的对象，因而对人的认识活动起着监控作用。通过自我意识系统的监控，可以实现人脑对信息的输入、加工、贮存、输出的自动控制系统的控制，这样，人就能通过控制自己的意识而相应地调节自己的思维和行为。

（二）自我评价

1. 发展过程

自我评价是一种重要的评价形式。它属于人的自我概念的重要内容之一。迄今为止，自我评价问题已经成为哲学、心理学、社会心理学、教育学、文化学、价值学等多个学科关注的热点话题。自我评价不仅具有独特的自我功能促进自我发展、自我完善、自我实现，而且具有重要的社会功能，极大地影响人与人之间的交往方式。以多学科的研究成果为基础，综合地探讨自我评价的功能和作用具有重要的理论和现实意义。由于自我评价的功能发挥是以正确地认识自我为前提的，为了充分发挥它的功能和作用，还必须探讨正确的评价自我的途径和方法。

2. 评价规律

自我评价发展的一般规律是：评价他人的行为—评价自己的行为—评价自己的个性品质。它是自我教育的重要条件。人对自己的思想、动机、行为和个性的评价，直接影响学习和参与社会活动的积极性，也影响着与他人的交往关系。一个人如果能够正确地如实地认识和评价自己，就能正确地对待和处理个人与社会、集体及他人的关系，有利于自己克服缺点、发扬优点，在工作中充分发挥自己的作用。实事求是地评价自己是进行自我教育、自我完善的重要途径之一。

3. 评价要素

自我评价是人的自我概念的重要内容之一。其前提是自我意识，只有当人具有自我意识的能力，才能做出自我评价。自我评价的功能首先表现为自我功能，就是说，它对人的自我发展、自我完善、自我实现有着特殊的意义。自我评价也具有重要的社会功能，它极大地影响人与人之间的交往方式，也决定着一个人对待他人的态度，还影响对他人的评价。正确的自我评价的社会意义就在于它帮助人成为社会人，有健康人生观和价值观的人。要利用自我评价的正面价值来促进人的全面发展和社会发展，还要有效地克服自我评价可能出现的负面作用。

4. 实施条件

作为正在成熟和发展中的中小学生，他们正在从完全归属于父母、家庭的非独立社会定位逐渐向一个具有独立人格、社会性个体的社会定位过渡。他们已具有一定的自我意识，对自我有一定客观的认识，能进行较客观的自我评价，有一定的自我提升意愿，比较关注自我的成长情况。在教育过程中评价作为学生成长发展的一个极为重要的组成部分，作为一种有目的、有过程、有结论的价值判断活动，其根本目的是通过自我评价和他人评价的过程促进学生对自我进行自觉主动地验证、证实和完善。只有这样的人才能主动、积极地进行自我提高和完善，并为社会进步做出贡献。而自主评价正是突出评价活动中的学生的主体地位和作用的评价方式。

三、学生自主评价的机制

自主评价要得以有效的实施，需要有适合学生特点的自主教育素材，还需要有引导学生进行积极参与的自主评价机制。

（一）自主学习评价原则

自主学习的评价不仅重视学习者对知识、技能的把握，而且要帮助他们了解自己，树立学习的自信心，提高自主学习的能力，发现并发挥他们多方面的潜力，提高学习者的知识应用能力及独立自主的学习能力和相互协调合作的精神。其特点主要体现在以下几个方面：

1. 评价目标开放性

传统的教学评价更多地关注于具有统一标准的学习结果而非学习过程本身，这种评价往往忽略了学习者的背景差异以及学习者的个体特征，而自主学习的评价不仅仅关注学习者学到了什么，即学习结果，更加注重了解学习者是如何进行学习的，学习者如何确立学习目标并选择相应的学习内容以及学习策略，如何组织协调这些学习材料进而进行有意义的学习，又是如何监督调控整个学习过程来达到既定的学习目标的。对自主学习的评价更倾向于一个动态的过程。

2. 评价主体多元化

在传统的教学评价中，学习通过教师的评价来了解自己学习的效果，教师是评价的主体和权威，学习者在评价的过程中处于被动的状态。而在自主学习评价的主客体关系上，特别强调各方面的合作与交流，包括教师对学习者的评价、学习者的自我评价以及学习者之间的相互评价。教师与学习者在评价的过程中是合作的关系，教师的主要任务是指导学习者进行自评。学习者是自主学习过程及评价过程的主体，要在整个过程中能够逐渐进行自我监控和自我评价，养成对学习的责任感和对学习过程的计划、组织、协调能力，并将评价标准逐渐内化为自主学习的努力的方向，从而发挥出学习的自觉性和主体性。

3. 评价过程持续性

对自主学习的评价不仅是对学习结果的评价，更是对整个自主学习过程的评价，因而，自主学习评价也是一个持续的动态的过程，具体包括在自主学习开始之前进行的诊断性评价，在自主学习过程中进行的形成性评价和自主学习结束之后进行的总结性评价。

诊断性评价：在自主学习之前进行，是对学习者的认知特点、认知水平以及学习技能等因素的综合考查，用于确定学习者的学习起点，并且使学习者以此为根据选择适合自己学习水平的学习资源，并且确定适当的学习进度、学习策略与学习方法。

形成性评价：形成性评价的目的在于了解学习者的学习进度以及其在自主学习过程中遇到的问题，以便调整和改进自主学习的策略，激励学习者的自主学习。

总结性评价：是在自主学习活动完成之后进行的评价活动，其目的在于检查学习者是否通过自主学习达到了既定的学习目标。

4. 评价的时空开放性

传统的教学评价的场所主要局限在教室内，并且多为总结性评价，而自主学习评价则不受时空的限制，采用课堂与课外相结合、传统测试与网络自主测评相结合、阶段性评价和日常学习考查相统一的方法，使自主学习评价表现为一个持续的、动态的过程。

5. 评价内容情景化

在自主学习过程中，每个学习者都在不同的情景中以自己的方式进行学习，其获得的知识必然具有各自特定的情景性，因而，自主学习的评价也应该成为自主学习环境的一部分，注重真实性评估，使评价的实施日常化、过程化。

6. 评价方法多样化

传统的教学评价往往注重纸笔测验，试题形式以标准化试题为主，缺乏主动性、情景性、开放性。这种评价方式无视每个学习者的个体差异和个性特征，既不能很好地反映学习者真实而全面的能力和水平，也无法充分调动学习者参与评价的兴趣和积极性。对自主学习的评价则不能采用这种僵化的统一标准的评价方法，而是全面考查学习者的学习过程，更多地采用基于信息技术环境支持的手段，对每个学习者进行个性化的评价。

（二）学生自主评价内容

在科学的自主学习评价体系中，评价的内容应该贯穿于学习者自主学习活动的始终。既包括自主学习效果的评价，又要包括对学习者的学习态度、学习目标以及计划的执行调控情况的评价。这几个方面可以分为两大部分，即情感态度的评价和学习能力的评价。

1. 情感态度的评价

情感态度的评价具体包括：

（1）对自主学习内容是否持有积极主动的态度。即学习者是否对学习内容有足够的兴趣，是否认为该内容是有意义的，是否愿意对该内容进行深入的研究和学习。如果学习者能够在自主学习之前对学习内容采取积极的态度，将会对后来的学习产生积极的影响，学习者会全身心投入学习中去，并努力获得相关的知识和经验。

（2）是否具有独立自主学习的自我概念。即学习者对自主学习有怎样的认识，是否理解自主学习的特点和进行独立自主学习所必备的知识、技能、态度、方法。对自己是否具备自主学习的特质、是否能够完成自主学习的学习任务有着较清醒的认识和评估。

（3）是否将自主学习视为一个有益的学习过程。即学习者是否认为该自主学习过程是有意义的，是否值得为此努力，在该过程中能否获得有益的知识和技能，是否有利于提高自身的素质。该学习过程和结果对自己今后的发展，学习者是否持有积极的态度，这会影响学习者之后进行自主学习的积极性。

（4）能否容忍自主学习过程中出现的复杂的、不明确的问题并且采取积极应对的态度。即在自主学习的过程中如果出现了各种各样复杂的或不明确的问题时，学习者的反应，学习者是否事先对可能出现的问题有充足的心理准备，当问题出现之后，学习者又会采取怎样的态度和策略，是否能够及时反应并积极应对，并努力解决遇到的问题。

（5）能否客观公正地看待并且总结自己的自主学习过程。即在自主学习过程结束之后，学习者对自己的学习过程持怎样的态度，如何评价自己在学习过程中的态度及采取的方法和策略，对自己解决问题的能力如何看待，是否能够公正客观地总结自己的自主学习过程并且从中获得有益的经验，并对今后的学习产生积极的影响。

2. 学习能力的评价

即能否客观评估自身的学习水平并且根据自己的认知结构和认知水平制定符合自身特点的、切实可行的学习目标；能否根据既定的学习目标选择合适的学习内容及方法策略；能否自觉主动地按计划进行自主学习；在自主学习的过程中如何对学习过程进行自我监督与调控，效果如何；学习者在自主学习过程中是否具有创造性；学习者在学习过程中遇到了哪些困难，通过何种途径，如何解决；是否达到了既定的学习目标。

四、自主学习评价的方法

基于以上对自主学习以及自主学习评价的探讨，我们将自主学习评价的方法分为三个部分，即形成性评价、总结性评价和综合量化评定。下面将就这三个部分做详细说明。

（一）形成性评价

自主学习评价的主体具有多元性，可以是教师、学习者的同伴以及自主学习者本人，以下将按照自主学习评价主体的不同，将形成性评价细分为学习者自评、学习者互评和教师评价。

1. 学习者自评

学习者自我评价是让学习者随时掌握自己的学习水平和学习进展情

三自教育

况，做到有的放矢。学习者可以根据对自主学习活动过程中的问题随时思考或对任务完成的结果自我评定，发现学习中的难点以及自己的弱点，以便适时调整计划和目标，重新思考学习策略并重新选择其他策略，达到最优化、最高效率的自主学习。自我评价在很多情况下依赖于学习者自主实施练习、测试等，学习者能够判断自己的学习结果，不再完全依赖外部反馈，并且学习者能够恰当地利用获得反馈的机会加强自我评价与反思。

例如，学习者可以在自主学习之前与教师制定一份学习契约，契约中详细规定自主学习的总体目标，并且将总目标具体细分为各个较小的较详细的分目标。并且规定实现学习目标的方法、策略，并制订详细的学习计划及步骤，以及具体的学习时间表。学习者根据自己在自主学习中每个步骤的表现以及各个分目标的实现情况与契约中的协议进行对照、评价，并将评价获得的分析结果作为反馈信息用来调控自主学习过程，并最终达到学习契约中制订的自主学习的总目标。这种评价方法可以有效地调动学习者自主学习的积极性，培养学习者掌握、调控自己学习进程的能力，并使学习者获得进行自我评价的能力。

2. 学习者互评

学习者相互评价是在自主学习过程中，学习者以小组为单位，依据特定的评价标准，同伴之间对学习条件、学习过程以及学习效果所做的评价。在这种评价模式中，可以由同一组中的几个学生评价一个学生，每一个学习者对被评价的学习者的学习行为以及学习结果写出评语，指出其学习过程中的优点并提出改进的建议。同时，被评价的学习者可以根据同伴的评价总结自己的自主学习活动，确定自己的改进目标以及改进方法。通过这种学习者相互评价的方法，学习者可以充分理解评定的标准，逐步增强自主学习的自信心，同时，可以使学习者学会信任、客观、公正地对待自己和他人，学会了解他人的学习过程，并且运用相互评价来鼓励学习者合作学习以及向他人学习。

3. 教师评价

教师对学习者的评价是目前自主学习评价中主要的评价方式，可以采用以下多种方式对自主学习者的自主学习过程进行评价。

（1）非结构型访谈

非结构型访谈是通过与学习者进行交谈和询问从学习者那里收集第一手资料的一种研究方法。这种方法是定性与定量相结合的一种评价方法，它能够很好地收集到学习者自主学习兴趣和动机方面的资料，如自主学习者的价值观、情感感受和行为规范；学习者已有的学习经验、自主学习习惯和已有的方面。这种评价方法可以为自主学习评价提供比较广阔、整体性的视野，可以从多角度对自主学习过程和进程比较深入、细致的描述，可以帮助评价者与自主学习者建立彼此关心、相互信任的良好的人际关系，帮助学习者及时了解自己、了解自己的学习目标与学习内容，是自主学习评价的基础。

（2）电子档案袋

档案袋评价是按照一定的标准，收集能够反映学习者学习过程中所做的努力的材料，学习反思的文档以及最终的学习成果和学习作品等整套材料，以展示学习者的学习和进步状况。而随着信息技术在教育领域应用的逐渐增加，信息技术可以为档案袋的创建提供有利的条件和环境，使传统的档案袋成为电子档案袋，即在信息技术环境下，学习者运用信息手段表现和展示自己在学习过程中有关学习目的、学习活动、学习成果、学习努力、学习进步、学习成绩以及对学习过程和学习结果进行反思的一个集合体。

相对于传统的档案袋，电子档案袋可以收集多种类型的信息，包括文本、图形、声音、视频、动画等，还可以通过超链接，方便学习者日后对相应内容的查找，学习的回顾以及评价，而且电子档案袋还支持非线性的思考以及对学习内容的深层次组织，并且，电子档案袋可以为自主学习者提供更好地相互交流的机会，学习者不仅可以清楚地展现自己的学习过程，也可以很方便地与同学、教师交流和共享自己的学习结果和学习体会。

一般来说，电子档案袋包含了以下内容：学习者的基本信息，如姓名、爱好及特长等；学习者的学习目标以及为实现该学习目标所制定的详细的学习规划。

由此可以看出，利用电子档案袋对学习者的自主学习过程和结果进行评价，可以将自主学习的过程和评价过程融为一体，学习者可以据此来更好地了解自己的学习进展情况以促进自主学习的自我监控与自我管理，这可以极大地促进学习者积极地参与到学习活动中，一方面，可以有效地提高学习者自主学习的效果；另一方面，也可以帮助提高学习者的整体素质。

（3）网络自主学习记录

随着多媒体计算机和网络技术的发展，信息技术越来越多地渗透到自主学习的方方面面，教师在对自主学习者进行学习评价的时候，可以参照学习者利用网络自主学习系统或者学习网站、自主学习软件的情况对学习者的自主学习情况进行评价。

在对这些问题进行研究的过程中，要遵循以下的原则：以面向过程的形成性评价为主的原则；科学合理的原则；简便可行的原则；尽量获得更多与自主学习评价有关的信息与保护学习者隐私相结合的原则。

通过以上原则对学习者网络自主学习的内容、过程以及成效建立一个客观、科学的评价指标体系。利用观察学习者的网络自主学习记录这种方法来评价学习者的自主学习情况，可以获得有关学习者的较客观真实的自主学习情况的信息，但这种评价方法需要一定的技术支持，并且要在不侵犯学习者的个人隐私的前提下进行，所获得的有关信息也相对容易进行量化处理。但通过这种方式获得的结果容易停留在表象，学习者缺乏能够完全展示自己学习成果的有效途径，因此要与其他评价方法结合起来使用。

（二）总结性评价

总结性评价即传统的测试题，试题由主观题和客观题两部分构成，综合测验学习者的自主学习成果。这种评价方法比较传统、呆板，不能针对每个学习者的个性特征和自身情况进行个性化评价，但这种评价有统一的评价标准，并且比较客观，也能很好地反映出学习者最终的自主学习成果。

（三）综合量化评定

自主学习评价体系最终采用形成性评价与终结性评价相结合的方式，将二者按照一定的比例综合量化。例如，可以按照形成性评价占40%（具体细分为学习者自评占10%，学习者相互评价占10%，教师评价占20%——其中电子档案袋占10%，网络自主学习记录占10%），总结性评价占60%的比例。这样，可以将自主学习评价的各部分细化、量化，能比较客观、科学地反映学习者的自主学习情况。

在学习者自主学习评价过程中将形成性评价与总结性评价相结合的评价方法有利于调动学习者自主学习的积极性，更高效率地提高学习者自主学习的能力，进而为学习者终身学习能力的培养而奠定坚实的基础。但是各种自主学习评价方法还存在一些不足，还有很多地方值得反思和改进。如教师标准难以统一，即不同教师对同一学习者进行评价的标准很难完全保持一致，即使是同一教师对学习者的自主学习进行评价，也可能会带有很强的主观性。另外，学习效果界定的标准也难以统一，由于每个学习者对自己和他人的要求不同，学习者自评和学习者之间互评也很难划定统一的标准。并且自主学习评价需要较多的精力和时间，因为自主学习评价更加关注学习者的自主学习进程，必须给学习者足够的时间去完成既定的学习任务。对学习者进行网络自主学习记录和为学习者建立电子档案袋，需要一定的技术支持，并且需要花费较长的时间，对自主学习者本人和评价者来说都要投入较多的精力和时间。

虽然存在以上种种问题，但是自主学习评价有助于促进和发展学习者的自主学习能力，优化学习者的自主学习过程，提高学习者的自主学习效果。因此，学习者本人和其他评价者都应该致力于制定出清楚、统一、客观的评价标准，并且充分利用多媒体计算机和网络技术提高自主学习评价的工作效率。

三自教育

五、灵活运用评价机制

对学生个体的评价应落实在差异发展和个性发展上，学生在原有基础上取得新的进步就是发展。评价不能千篇一律，应当更注重个性的发展。评价要反映学生的发展趋势，通过某些结果或某些表现来评价发展趋势，使学生看到自己的进步和发展，同时明确努力方向，知道以后该怎样做。还应注重自我评价与他人评价相结合，建立自我激励机制，增强学生的自信心、责任感和自我完善的反思能力。在实际操作中，可根据评价内容，确定评价的具体项目，进行行为次数的量化分析，发展趋势预测性评价。

对学生群体（即合作小组）的评价注意发扬民主，引起竞争，最大限度地发挥合作学习的效能。评价的方法应是多样的，如表扬激励法，评出的星级小组、优秀小组长等，通过对比和竞争，找出本组在合作学习上的不足，完善合作，形成合力。

补充说明：

a. 表中的评价内容可根据合作学习的要求及学生的实际，不断改进充实，确定不同时期的评价重点，建立开放的评价体系。

b. 评价应得到组内多数同学的认可，目的在于增进学生间的相互了解、沟通和情感交流。

c. 教师要参与小组评价活动，对自评、互评活动给予指导性帮助，对评价出现的错误进行纠正，鼓励学生保持优势，在薄弱项目上努力追赶。

d. 到学期末，教师根据每个学生的统计图表，为每个学生写出鼓励性、指导性评价意见，描述学生的发展期趋势，培养学生特长，满足学生个性发展，明确其努力方向。

附：六年级一班学生自主学习过程评价量表★

六年级一班学生自主学习过程评价量表						
指标 要素	很好 （80～100分）	不错 （60～79分）	还需加油 （59以下）	自评	互评	师评
学习态度	我的学习态度好，并能主动帮助别人	我的学习态度较好，有时帮助他人	我没兴趣参与学习活动，厌学			
参与情况	我积极参加每次学习活动，能与小组成员轮流主持，并有详细的活动记录，活动开展得规范、效率高	多数活动别人主持，我能参与，活动基本可以达到预想的目的。有活动记录	我被动参与或无心参与，基本没有活动记录			
自主探究	我能独立思考，自主学习，主动发现问题，提出问题并寻求解决问题的方法	我能思考，但不会自主学习，能和其他同学合作发现问题，提出问题	我不会思考，不爱学习，不会发现问题			
合作交流	我积极参与小组活动，在明确分工的基础上共同承担任务，有效地完成自己的任务；有极好的倾听能力和领导能力，能通过讨论的方式共享他人的观点和想法	我参与小组活动，能在明确分工的基础上共同承担任务，能完成自己的任务；能通过讨论的方式共享他人的观点和想法	我无心参与小组活动，很少进行交互；或对交互不感兴趣、分心，和别的成员之间并没有进行明确的分工			
质疑释疑	我积极主动地发现问题，提出问题、筛选问题并寻求解决问题的方法	我能发现问题，提出问题，筛选问题并解决一些问题	我不会发现问题，不会思考，不能解决问题			
搜集处理信息	我能熟练使用多种方法搜集、处理信息	我会用多种方法搜集、处理信息	我搜集、处理信息的方法单一，或不会搜集并处理信息			
创新情况	我的成果丰富，形式多样，达到学习目的，有自己独到的观点或主张	我基本能达到活动目的，基本能够体现个性化学习过程，有自己的观点或主张	我没有达到学习目的，不能充分体现个性化学习过程，没有新观点			

三自教育

第四节　自主学习的实践意义

（1）促进学生主动学习，能够开拓学生学习的空间，促进学习由封闭型向开放型转变，进行研究性学习，开放性学习，逐步实现离开教师会学习，离开教室会学习，离开学校会学习，养成主动的学习态度和对学习的责任感。

（2）培养自主学习的能力，能够给学生渗透终生学习的理念，培养学生可持续发展的能力。从传统的偏重单向灌输知识的教育转变为培养学生自主学习、独立思考能力，渗透终生学习的理念，培养学生可持续发展的能力。

（3）培养学生自主学习的能力，是学生各项能力发展的保证。由于课堂教学自身的局限性，学生不可能只通过有限的课堂教学获取知识和培养能力。课堂教学的成功更多地依靠学生课下自主学习的开展。因此，要提高学生的学习能力，必须首先培养学生的自主学习能力。

（4）培养学生自主学习的能力，是提高课堂效率的需要。它表现为学生学习目标明确，认真听课，主动识别老师的教学目的与容；充分调动主观能动性，积极配合老师，参与各种活动；取得最大程度的进步。

第四章

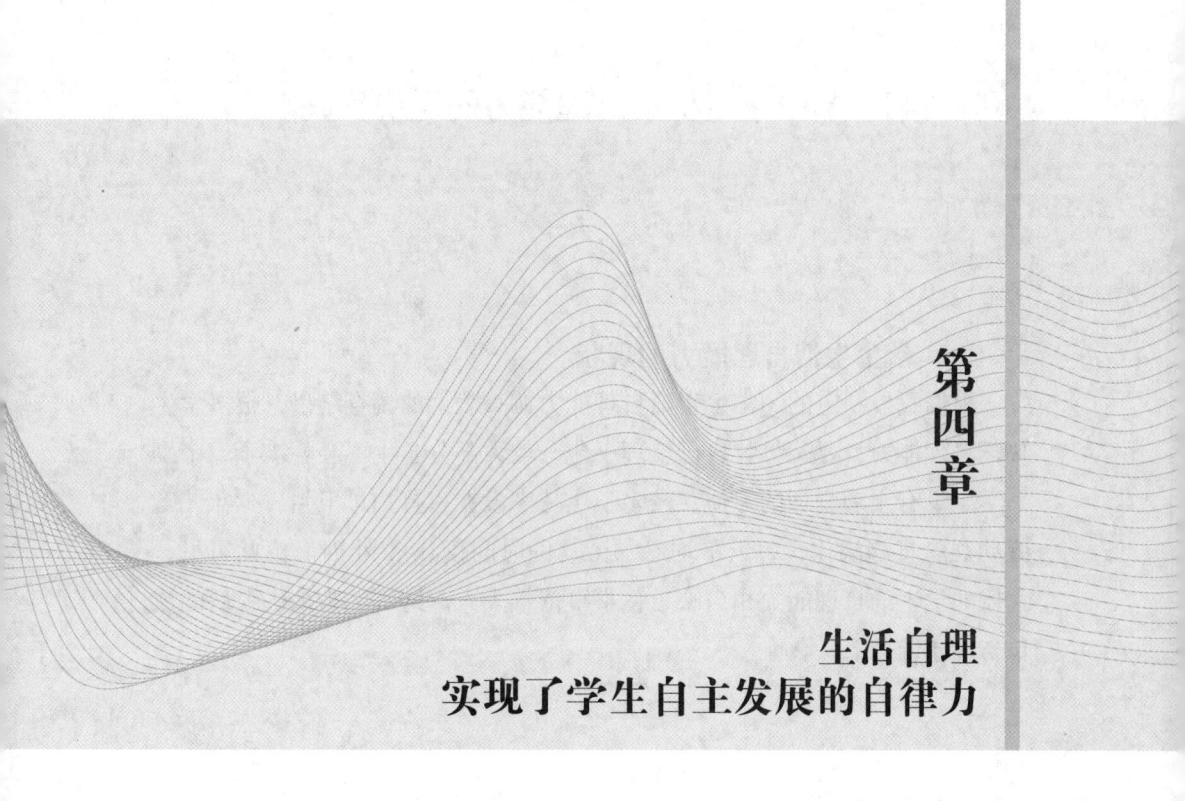

生活自理
实现了学生自主发展的自律力

三自教育

第一节 学生生活自理能力的现状及成因

一、学生生活自理能力的现状

根据我校制定的《学生生活自理能力调查表》的调查结果,很多学生缺乏自理能力,要父母替自己整理书包,较大部分学生不会叠被子,个别小学生没有主动刷牙的习惯,较多学生从来没在家打扫过卫生,少年儿童劳动观念日趋淡化,每天平均参加劳动的时间仅0.2小时。由此可见,我校的学生的自理能力相当缺乏,事事依赖大人,这必然为孩子今后的成长与成才带来不良影响。

二、形成原因

(一) 家庭原因

随着社会的发展,我国"4-2-1"结构的家庭越来越多,一个孩子享受着几位长辈无微不至的照顾。很多父母也经常抱怨孩子自理能力太差,但在生活中又时常对孩子说:"只要你把成绩搞好了,什么都不用你做。"他们错误地认为只有这样才是爱护孩子、对孩子负责,却从未认真思考过孩子一生的可持续发展到底需要什么。长此以往,孩子的自理能力越来越差,依赖性却越来越强。

(二）学生自身的原因

自出生起，孩子就享受着来自父母及其他长辈的关爱，他们将长辈为自己所做的一切看作理所应当，他们的惰性、依赖心理自然越来越强。另外，由于长期受应试教育的影响，在学校实际教育过程中应试教育仍确实存在。老师们每天苦口婆心地给学生讲的是学习态度、学习方法、解题技巧，而对学生劳动观念和自理能力的培养比较忽视。

经过我校"三自"教育实践研究，对于学生生活自理能力的培养，我们着力于智慧家长的培训和"3+1"学校劳动课程体系的建构和实施，从而帮助学生养成劳动习惯、掌握基本生活技能、学会做人做事，从而提高学生的生活能力和生存质量。

三自教育

第二节　学生习惯养成教育

我校"三自教育"实践研究把学生习惯养成教育分化为学生"做人习惯""做事习惯""学习习惯"。我们的研究到底要达成什么目的，即具体要培养学生什么样的习惯，具体到每个年级，具体要求是什么，能力层级是什么，这都应该有系统性的规范要求。于是我们查找资料，并多次召开研讨会，还结合学校内涵提升项目，与方略专家展开讨论，积极思考和摸索，寻找适合我校的"三自教育"目标体系。我们两次组团赴江浙名校访学、跟岗，实地学习沿海先进的德育管理理念和操作方法，回校后展开大研讨，最终构建出我校的三自教育层级目标体系，并在实际的自管会工作开展中，逐步完善，修改，将各年级的目标调整为分段目标，这样更切合低、中、高段学生在大致相同年龄的能力要求，并采用自评、小组评、班级评、教师评等多种方式进行养成教育的综合评价，以期达成训练目标。

孟轲在《孟子·离娄上》说："不以规矩，不成方圆。"他强调做任何事都要有一定的规矩、规则、做法，否则无法成功。学生在校学习生活、为人做事，又该遵循什么规则和要求呢？众所周知，《中小学生日常行为规范》《中小学生守则》都是很好的制度规范，但这是对所有学生普遍性的要求，在经济发达地区、教育先进地区与经济落后地区、教育滞后地区均是如此。综观我校，不管是从地理位置上还是从师生构成上，或者从学校的历史变迁和发展上来说，都有其独特性，比如我们没有住宿生，不上早晚自习，我们是九年一贯制学校，我们的学生多是拆迁子女、随迁子女等，综合来看，那我们也应该有对自己学生不同于他校学生的具体要求或规范，或者说能力或习惯上的各年级的训练目标。于是，经过课题组做的问卷调查和走访，以及对不同年龄学生身心发展的研究，我们从学校层面分年级制定出"品行自治、学习自主、生活自理"的《北固中学学生养成教育目标体系》，体系立足"做人、学习、做事"三个方面，分为"礼貌待人、诚实守信、自信自强、遵规守纪、勤俭节约、生活自理、规范学习、主动学习、学用结合"九个内容，每个内容都对学生提出了明确而具体的要求。

这样明确且具体的目标要求，使得我们的德育工作的开展具体可考，又使得学生的自我发展、自我管理有了切实可行的对照系统。它就像学生的一面镜子，可以时时刻刻地对照自己的能力层级、自己的达标情况，这就为孩子的成长找到了向上的阶梯。

在此基础上，我们也制定出《北固中学学生一日常规》，明确了学生在校的每个时段的规范性要求，让学生知道自己何时何地该干什么，心中有准绳，从而实现学生对自我言行的自主管理、自主规划、自主发展。

《北固中学学生养成教育目标体系》《北固中学学生一日常规》是我校德育工作的目标指南，我们所有的德育系列活动课程，都指向各年级学生的培育目标。这也是我们有为教育培养的有为学子的具体表征，为我们所有的德育工作指明了方向。

附：北固中学2020年小学一年级新生养成教育活动★

遂宁市北固初级中学校
2020年秋季小学一年级新生养成教育活动方案

近年来，随着素质教育的不断创新，我们已经从更深的层次上认识到学校这个特殊的环境对培养全面合格的人才的核心作用。学校的教育内容和方法，直接影响和引导学生德智体美劳等方面的全面发展。为了逐步规范一年级学生的日常行为，提高其自理能力，形成良好的道德品质，结合我校实际，制定本方案。

一、活动意义

教育以德为先。养成教育是德育工作中的基础工程，更是一年级新生德育工作的重点，通过一系列有效的常规养成教育，培养学生文明礼貌、

三自教育

自立自强的优良品质，训练学生养成良好的行为习惯，丰富我校关于《加强和改进未成年人思想道德建设》的工作内容，促进学校德育工作的深入开展。

二、具体内容

根据一年级学生的年龄和心理特点，养成教育内容分为：

（一）礼仪常规（自入学起，便让学生开始记背相关内容）

1. 上学穿戴要整洁。

2. 上课铃声响立即有序地进教室坐好，不打闹、不讲话，在班干部的带领下朗读或背书。

3. 上下课时，起立向老师致敬问好。站立正直，声音自然洪亮。

4. 上学迟到，应在教室门口先向老师报告，经老师同意后才可进入，进教室时，脚步要轻捷，入座时不要发出较大响声，并立即集中注意力听课。

5. 懂礼貌，在校内外见到老师主动问好，会用"请""您好""对不起""没关系""谢谢"等礼貌用语。

6. 课堂中如有重要事情要离开，须向老师请假，经同意后才可出去。

（二）学习常规

1. 养成课前准备的好习惯，并自觉准备下一堂课所需物品。

2. 结合周一早会的升旗仪式对学生进行"我爱国旗"的爱国主义教育，让学生懂得国旗是祖国的象征，升旗时，态度要认真、严肃，列队要整齐，唱国歌时，声音要响亮、整齐。

3. 上课时应向学生强调读书写字的基本要求如下。①文具摆放：书本摆放在课桌的左上角，文具盒摆放在课桌的正前方，上什么课摆什么书。②坐姿：前臂自然叠放在胸前的桌沿上，胸离课桌一拳，身坐正，眼平视。③握姿：握笔姿势正确，手离笔尖一寸。④写姿：眼距书本一尺，书本摆正，不歪头、不斜肩、不横写。⑤读书：书拿起，倾斜45度角，朗读时，身坐正，读书声音洪亮，要抑扬顿挫，不能唱读。注意句与句之间的停顿。⑥发言：先举手，动作要轻，经允许再发言；身体站直，听准问题，回答完整，声音洪亮。

4. 要求学生上课认真听课，及时、认真、独立地完成作业，并交给老师批改，作业有错误要及时订正。

5. 老师要利用各类课程的授课，让学生学会专心倾听，积极思考，主动表达。

6. 爱惜课本、文具。

（三）纪律常规（班主任要结合新颁布的中小学生日常行为规范，对学生进行校纪、校规教育）

1. 每天按时上课、不迟到、不早退，有事向老师请假。

2. 集合要做到快、静、齐，行进中不推拉、打闹，不擅自离队。

3. 上下楼梯时靠右走，不推挤、跳跃，不扶肩搭背。

4. 课间活动不追逐打闹。不高声喧哗，不开展危险的游戏、活动。

5. 爱护公物，不攀爬、破坏，不损毁花草树木。

（四）卫生常规

1. 各班建立卫生值日制度，训练学生学会打扫卫生。学生卫生值日时，家长不代劳，班主任要及时表扬做得好的同学。

2. 不乱涂乱画，不乱丢乱吐。

3. 注意个人卫生，做到勤换衣，勤洗澡，早晚刷牙，常剪指甲。

4. 教育学生不乱扔杂物，爱护校园环境，主动拾捡垃圾。

（五）队列常规

训练口令，培养服从意识。训练整队集合，使学生掌握列队、队列行进和齐步走、向左转、向右转等基本常识。训练路队行进，养成有秩序的好习惯。具体内容：

1. 学会听口令。

2. 做到集合迅速、队列整齐、有序行进、不吵不闹。

3. 做好路队放学，整体效果好。

三、考核评比

（一）时间：2020 年 9 月 8 日。

（二）总分 50 分。

三自教育

（三）评比项目和内容：

1. 礼仪常规（10分）

见到老师问好或说再见，2分；仪容仪表，3分；举行一次上课仪式的演示，5分。

2. 学习常规（10分）

文具摆放整齐，2分；坐姿标准，2分；进行一次写字练习的演示，书写姿势规范，3分；进行一次作业批改的演示，3分。

3. 纪律常规（10分）

静习，2分；遵守课堂纪律，2分；遵守路队纪律，4分；遵守集会（集合）纪律，2分。

4. 卫生常规（5分）

教室整洁，3分；衣着整洁，1分；手、脸、脚干净，1分。

5. 队列常规（15分）

听口令，5分；有序行进、队列整齐、不吵不闹，5分；路队放学的整体效果好，5分。（可请体育教师协助）

（四）评委：张玉容、李龙、苏丽、夏锐敏、李强、蒋琴。

（五）评比结果：根据得分评出一等奖1个，二等奖2个，三等奖2个。

（六）评比结果计入班主任绩效考核。

遂宁市北固初级中学校德育处

2020年9月1日

第三节　家校共育策略

随着社会的进步和素质教育的推行，家校沟通遇到了前所未有的挑战。一方面，家长对子女教育的重视程度空前高涨，盼望能经常了解孩子在学校的各种情况，期望教师能及时把学生的情况告诉他们；另一方面，现代社会的压力大，家长工作比较忙，家校沟通会分散家长不少的时间和精力，家校沟通真是"让人欢喜让人忧"。

沟通是一门艺术。一次成功的沟通，就是一次成功的教育。教育问题在很大程度上是沟通不力造成的。所以，作为学校，我们应该深入思考如何应对这种挑战，重新认识家校沟通的作用，提高家校沟通的针对性和实效性。

学生生活自理能力培养的关键在家长，家庭生活是学生生活能力培养的主战场。经过实践研究，我们着力于智慧家长的培训。智慧家长培训重点在于以下两个方面。一是建家长学校，为家长赋能。我们开展为期一天的新生家长培训会，努力提升家长的育儿理念，促使家长关注学生劳动教育的意识，并为家长颁发合格证，让家长持证上岗；我们每期召开两次家长会，开展家庭劳动教育指导，实现劳动教育育人价值、目标、路径的家校协同；开展家庭教育讲师团课程，提升家长的育人水平。二是多渠道互动，为家长助力。我们建立家委会，建立班级家长微信群、QQ群，利用学校公众号和"十牛校园"平台，多渠道互动，推送劳动教育的案例文章，开展劳动教育的经验交流，并安排优秀家长现身说法，多形式地为智慧家长助力。

三自教育

一、家校合力的三种策略

为进一步加强家校合力,我校关于智慧家长培训采取了以下三种策略:

(一)重新定位家长会,建立家长学校

我们把培训家长、转变家长教育观念作为培养学生生活自理能力的关键一环。家庭生活,是孩子劳动锻炼最重要的阵地。要发挥主阵地的作用,必须让家长在思想上意识到劳动教育的重要性。所以,我们狠抓家长培训,利用一期两次的家长会,建立家长学校,开展家长培训指导。自从开展家长的培训指导后,我们对比发现,以前家长会近50%是爷爷奶奶来参加,可开展家长学校后,爷爷奶奶参加的只占了11%,家长们都十分重视孩子生活自理能力的培养了。

附:2021年上期家长会活动报道★

同心同行,携手共育

——经开区北固中学开展家庭教育讲座暨家长会

为了加强家校合作,增进家长对学校工作的了解,达到家校携手共同培养孩子健康成长的目标,2021年4月14日下午,经开区北固中学开展"同心同行,携手共育"家庭教育讲座暨家长会,全校2000多名家长参加了此次会议。

专家讲座:有效沟通,形成合力

本次家庭教育讲座邀请了四川省妇联家庭教育专家杨琴老师,杨老师是国内著名亲子教育专家,著名人生激励导师。她全新的教育理念和方法已被中国越来越多的家庭接受、认可和应用。家庭教育讲座上,她为家长们做了"学家庭教育,做智慧家长"的教育分享,近距离地与家长交流家庭教育方法。杨老师在讲座中谈到家庭教育的问题、现状及怎样培养孩子的健康人格,讲座精彩纷呈,理论结合案例,让家长对于如何教育孩子有了新的启发,提升了家庭教育的能力。

集中宣讲:家校携手,共育未来

讲座结束后,学校校长蒋厚文首先介绍了我校教育的三年发展目标和

前景。然后就家庭教育的方法及注意事项等问题与家长展开了真诚的交流，他说，携手共育，同心同行，才能做到家校合一，为孩子创造美好的未来。并表示北中将始终坚持以学生为根本，立德树人，在细节和落实上狠下功夫，把学校办成让家长满意、让社会赞誉的好学校。

德育主任李龙针对学校安全工作做了交流与分享，并对学生的体质健康、身心健康、交通安全等方面进行了温馨的提示，并对全体家长志愿者们的工作表示肯定和感谢，感谢家长们对学校工作的大力支持与配合。经各班班主任推荐，由学校评选出张利等10名同志为北固中学"家校共育标兵"，评选张艳红等200名同志为北固中学"优秀家长"。

班级板块：良好习惯，成就美好未来

集中会议结束，各班召开班级家长会，老师与家长进行零距离的沟通。各班主任介绍了学生在校情况，学科教师进行学生课堂学习情况的分析和学科相关学习的指导。家长和老师一起沟通孩子在校的点滴成长的情况。整个家长会在井然有序地进行，全体家长聚精会神，屏气敛息，认真倾听并做了笔记。会后，家长们纷纷发表了自己的感想，表达了自己将一如既往地支持学校工作、密切配合老师共同教育孩子的愿望！

学生活动：阳光阅读，奠基美好人生

最是书香能致远，读书之乐尽无穷。班级家长会召开期间，各班副班主任带领学生在学校操场开展"阳光阅读"活动。同学们沐浴着微微春风，浸润着淡淡书香，尽情畅游在知识的海洋。

本次家长会进一步增强了家校联系。只有家校共育共融，携手同心同行，教育才有可能发挥其最大的育人效益。北固中学也将继续遵循"山高人为峰，奋发皆有为"的教育理念，固本出新，做有为教育，培养健康向上、创新有为的刚健少年，让学校成为充满生命活力的智慧乐园。

（二）建立班级家委会，搭建学习平台

我们各班都选聘5位家长作为家委会成员，组建了家委会和班级家长群。家委会成员除了协助家校联动的常规性事务外，还负责组织家长群里

三自教育

的各种学习及论坛活动，如教育经验文章的分享，优秀家长的现身说法，家长热点问题的交流等。家长都十分喜欢这种便捷的学习平台，觉得随处可学，时时可学，并且都是身边的好经验。

曾经有一位家长写信给我校德育校长说，感谢学校搭建这个平台，她从身边的家长身上学到了太多的经验，以前觉得孩子学习好就行了，现在才觉得学习好只是一个方面，如果孩子连自己都照顾不好，连生存都有问题，还谈什么成才……

附：北固初级中学校家长委员会章程★

北固初级中学校家长委员会章程

第一章　总则

第一条：为了使学校教育、家庭教育和社会教育协同发展，建设和谐校园，促进学生的成长与发展，经学校倡导，学生家长的积极支持，成立北固中学家长委员会。

第二条：成立家长委员会，是进行学校整体改革，形成以学校为核心，辐射到家庭，延伸到社会的三结合协同育人网络的重要环节；也是学校工作宏观决策和管理的需要。学校工作需要学校、家庭、社会各方面的重视，需要全社会的关心支持与参与。

第三条：家庭教育是教育的重要组成部分，它在青少年良好思想品德形成过程中，发挥着长期的潜移默化的特殊的作用。随着社会经济、科学文化的发展，全民素质的提高，学生家长的教育经验也越来越丰富，对教育也越来越关心，建立家长委员会，有助于发挥家长的优势，提高家庭的教育水平。

第四条：家长委员会是由家长代表组成的，是协调学校、家庭、社会教育三者关系的群众组织。

第五条：家长委员会的宗旨是加强家庭与学校、家长与教师、家长与家长、家长与社会各界的联系，关心和支持学校发展，对学校管理工作进行监督、建议和参与，促进学校更好地全面贯彻党的教育方针和政策，培养全面发展的人才,为高一级学校输送更多的优秀学生。

第二章 组织机构

第六条:本校家长凡赞成本章程的都可以成为会员。学校家长委员会下设班级家长委员会。

1. 班级家长委员会采取家长自荐和班主任提名相结合的方法产生6名委员,其中一名担任该班家长委员会组长。

2. 学校家长委员会委员由班级家长委员会的组长组成。

3. 学校家长委员会设立常务委员会。常务委员会为家长委员会的组织领导机构,设立主任委员1名,副主任委员4名,主任委员、副主任通过竞聘,由学校家长委员会选举产生,常委会负责联络和组织召开学校家委会会议,研究、部署家委会工作。每年至少要举行一次会议,常委会每学期至少举行一次会议。

4. 学校家委会委员在一年内不参加本会组织的活动或工作,即视为自动退会。学校家委会每两年一届,中途可临时调整。

第七条:为了加强学生家长委员与学校的联系,学校设立家长委员会联络办公室,由学校主管教育的副校长任主任,为家长委员会提供必要的服务。班级家长委员会受学校家长委员会的直接领导。

第八条:学校定期召开家长委员会大会。校长应代表学校介绍学校各方面工作的情况,并解答家长代表的提案,学校领导出席家长委员会大会常委会议,共同商讨学生家长委员会工作,听取家长对学校工作的意见和建议。

第三章 职责与权利

第九条:协助、监督学校执行教育政策及教育、教学法规,对学生进行德、智、体、美、劳诸方面的教育;培养学生爱国主义思想、社会公共道德和高尚情操;树立尊师爱校、尊长爱幼、尊知爱学的良好风尚,促进学校、家庭、社会教育管理的相融合,不断提高教育质量。

第十条:对学校的办学方向、教育教学、后勤保障、学校管理及收费等工作进行监督并参与必要的管理;对学校工作提出必要建议和意见。

三自教育

第十一条：征求学校领导和教师对家庭教育的意见和建议，收集并反馈家教信息，总结交流和推广家教经验；组织家长学习教育理论，帮助家长提高家教能力和水平，增强教育效果。

第十二条：帮助协调社会关系，优化学校发展环境，向社会推介学校教育教学的管理经验，师生先进事迹和先进典型，提升学校社会形象；收集社会对学校的意见、建议、及时向学校反馈。

第四章　家长委员会委员条件

第十三条：拥护党的教育方针，了解教育法规，关心学校教育，具有正确的教育思想。做好家长委员会工作，自愿为学校教育、家庭教育和社会教育献计出力。有一定的组织协调能力。

第五章　附则

第十四条：本章程的解释、修改或补充权均属学生家长委员会常务委员会，修改或补充条款须经三分之二以上常委通过。

第十五条：本章程未尽事宜，以常委会决议为准。

（三）设计实践活动，亲子互动成长

我们充分利用每次节假日，开展学生自理能力实践训练。如"寒暑假'十个一活动'"；五一节的"洗碗周""拿手菜""最美劳动者"自拍活动；母亲节"我替妈妈担家务"活动；每周一次的"'我爱我家'家务整理"活动等。我们欣喜地看到，孩子们经过这样的锻炼，劳动的积极性和自觉性都增强了，也变得更加自立了。孩子们在劳动中感知了父母的艰辛，变得更加懂事，更加体贴父母了。

附：北固中学"我帮妈妈做家务"活动倡议书★
北固中学"我帮妈妈做家务"活动倡议书

亲爱的同学们：

置身于这样一个伟大的时代，我们每一个人都应更加注重责任担当，更加奋发有为。为了不断增强青少年学生对民族优良传统的认同感，着力培养青少年学生孝敬父母、尊老爱幼、关爱社会、报效祖国的优良品质，深入推进社会主义核心价值体系进教材、进课堂、进头脑，引导学生树立正确的世界观、人生观和价值观。

德乃人之本，孝乃德之先。在人的一生中，父母的关心和爱护是最真挚最无私的，父母的养育之恩是永远也诉说不完的。作为新时代的学生，我们倡议：

1. 可以为父母做一些能让他们惊喜的小事情，或者为母亲做一件大事，或者为父亲准备一份小礼物。这些也许在你看来微不足道的事情，对父母而言，却也许能让他们很感动。

2. 主动帮父母做一些力所能及的事情。

同学们，孝敬父母是一种责任，更是一种美德。让我们唱响"孝敬父母，学会感恩，立志成才，报效祖国"的主旋律，一起共同努力。

遂宁市北固初级中学校

二、学校劳动课程实施

为帮助学生养成劳动习惯、掌握基本生活技能、学会做人做事，从而提高学生的生活能力和生存质量，实现学生生活自理能力的培养。我校经过长时间的实践研究，建构了"3+1"的劳动课程体系。"3"指劳动教育的三个场域，即家庭、学校、社区，"1"则是一个课程体系。

（一）基础劳动课程，培养生活的劳动习惯

我们分低、中、高段梯度设置"我会自理""我会分担""我会烹饪"等家庭基础劳动课程。低段的"我会自理"劳动课程，有"我会整理书包""我会整理书桌""我会整理房间""我会扫地"等内容；中段的"我会分担"劳动课程有"我会摆碗筷""我会帮长辈端饭""我会叠衣物""我会打扫"等内容；高段的"我会炒菜"劳动课程，有"我会做炒饭""我会做水果拼盘""我会做凉拌菜""我会包汤圆"等课程内容。课程设置贴近学生生活实际，科学实用，针对性强，帮助学生在力所能及的家庭劳动实践中，

三 自 教 育

形成基本的生活技能，养成良好的劳动习惯。

附：班会活动课"我最棒，我能行"★
"我能行，我最棒"班会活动课实施方案

一、活动课主题：

我能行，我最棒

二、班会背景：

居里夫人有句名言："自信是成功的基石。"一个成功的人一定是个自信的人。自信是一个人成长过程中不可缺少的重要心理品质，对人的发展起着重要作用。小学阶段是播种自信种子的佳期。我班有大部分学生是留守儿童，性格有些内向，不善表达，经常挂到嘴边的是"我不行，我不会"，这是一种缺乏自信的表现，因此我想借助此班会活动让他们能正确看待自己，骄傲地说出"我能行，我最棒"，做一个有信心，全面发展的好少年。

三、班会目标：

1. 通过对有关自己成长过程中的各种资料的收集，整理，让学生对自己增强信心，全面发展，做新世纪的新少年。

2. 通过班会活动，使学生更加相信自己，发挥自己的聪明才智，展示自己成果和个人风采，用勤劳的双手去打造自己金色的未来。

四、班会准备：

1. 召集班委讨论、决定班会程序，构思班会内容和流程，确定主持人。

班长：唐文馨。文艺委员：卢娅兰。宣传委员：林思语。主持人：李金荟（女）、（男）蒋涛。

2. 根据班会内容确定队会骨干同学。

小组长：潘亚楠、马明程、宋子轩、邵佳蕾。

3. 学背《劳动拍手歌》；排练舞蹈《小苹果》和学唱《劳动最光荣》。

4. 准备邀请函和主题班会课件。

五、班会过程：

（一）活动前奏：

第四章 生活自理实现了学生自主发展的自律力

1.班长:"同学们,准备好了吗?"(全班同学大声齐呼:准备好了。)下面我宣布三(1)中队"我能行,我最棒"主题班会,现在开始!让我们用热烈的掌声有请两位主持人上场。"

(二)活动过程:

第一篇章:我能行——勤奋学习我最棒

合:敬爱的老师、亲爱的同学们,大家下午好!

男:我是今天的主持人(蒋涛);女:我是今天的主持人(李金荟)。

合:今天我们三(1)中队在这里举行"我能行,我最棒"的主题班会活动。

女:首先让我们用热烈的掌声欢迎参会的老师和同学们。(掌声)

男:我们中队是一个大家庭,在这个家有着43位队员,这43位队员团结友爱,共同进步,因为我们一直坚信——我能行,我最棒。下面就请我们的小伙伴向大家展示这学期以来的作业。

1. 4名队员——介绍并展示自己本学期初到现在的各项作业。

女:像潘亚楠这样的队员还有很多。失败乃成功之母,没有失败哪有成功啊!宝剑锋从磨砺出,梅花香自苦寒来。只要我们努力,就会收获成功。

男:是啊,只要我们相信自己能行,总会有一天会成功的。下面请欣赏古诗朗诵,表演者唐文馨等。

10名队员朗诵《弟子规》。

女:精彩极了。让我们再次把热烈的掌声送给他们。(鼓掌)

男:我们中队还有许多小作家呢,下面就请我们的大作家向大家展示他的新作。

2. 两名队员朗诵自己的佳作。

女:听了吴雨欣和李金荟的新作,我们不禁高声赞叹:你们真棒!

男:我们不光勤奋好学,还是劳动小能手呢!

【设计意图:4名学生展示自己平时的各项作业,是对他们劳动成果的一种肯定和尊重,不仅能提升他们的自信心,还能让全班其他同学模仿,形成良性竞争。朗诵《经典诵读》中的《弟子规》,加上动作,配合背景

三自教育

音乐，学生对平日的诵读不但进行了巩固而且激发了他们学习经典的兴趣。两名同学诵读自己佳作，同样能让孩子体验成功感，以更好的姿态投入今后的习作中。】

第二篇章：我能行——家务劳动我最棒

女：请欣赏《家务歌》，边听边看其他小朋友在家劳动的照片，请看大屏幕。（队员认真观看大屏幕）

男：大家在家平时做家务吗？帮助家长做家务的同学能跟小伙伴们分享感受吗？

（队员交流在家做家务的感受。）

女：劳动很快乐，劳动更光荣，热爱劳动吧，用我们的双手去创造美好的未来！让我们一起唱《劳动拍手歌》并跟着节奏拍手。

你拍一，我拍一，好好劳动要牢记。

你拍二，我拍二，自己的事自己做。

你拍三，我拍三，不会的事要学习。

你拍四，我拍四，服务他人要牢记。

你拍五，我拍五，我来把书排队伍。

你拍六，我拍六，我们劳动最美丽。

你拍七，我拍七，我把房间来整理。

你拍八，我拍八，地面脏了自己擦。

你拍九，我拍九，不让脏水随地流。

你拍十，我拍十，热爱劳动是大事。

男：同学们，劳动是光荣的，我们是新世纪的少年儿童，我们要把中华传统美德与时代精神相结合，最后让我们齐唱《劳动最光荣》。

【设计意图：孩子们欣赏《家务歌》后联系自身体验，与同学交流平时在家做家务的感受，有利于培养孩子的独立生活的能力和责任感，体会到家长平日做家务的不容易。全班同学齐唱《劳动拍手歌》和《劳动最光荣》，使孩子们认识到劳动是光荣的，"我能行，我最棒"，让孩子树立信心，通过他们勤劳的双手打造属于他们美好的未来。】

第三篇章：我能行——才艺展示我最棒

男：一曲《劳动最光荣》既让我们了解了劳动的意义，又让我们享受了劳动的快乐。让我们一起做爱学习、爱劳动的好少年。请欣赏歌舞《找朋友》。

女：找呀找呀找朋友，敬个礼，握握手，你是我的好朋友。多动听的歌词呀，多悠扬的旋律呀，这动人的旋律不禁让人跃跃欲试，下面请大家在音乐声中观赏我们班的小画家们的作品。

（课件出示大家的手抄报。）

男：这古典清雅之音袅袅不绝，吸引了一群快乐活泼的小女孩。瞧，她们来了——（儿童舞表演《小苹果》）

女：咱们班可真是藏龙卧虎，人才辈出呀！下面请欣赏快板表演《我能行》。

《我能行》

相信我能行，才会我能行；

别人说我行，努力才能行；

你在这点行，我在那点行；

今天若不行，明天还能行；

锤炼我自己，相信我能行；

时刻准备着，相信我能行；

时刻准备着，相信我能行！（全班齐声）

男：我们是祖国的花朵，此时——我们信心倍增

女：我们是翱翔的雏鹰，此时——我们壮志凌云

男：相信自己——我能行

女：坚信自己——我最棒

男：队员们，你们准备好了吗？

——准备好了，做社会主义的接班人！（合）

女：下面请班主任讲话。

【设计意图：学生借助班级小小的舞台，展示歌舞《找朋友》和《小苹果》

三自教育

等一系列的才艺可以适当地克服害羞紧张的情绪，对自信的提升有一定的帮助。】

（三）：结束程序

（1）班主任讲话主要内容：队员们，这次活动很成功，大家出色的表现让老师为你们感到自豪。老师送给你们一段话：从小要有自信心，别人能行我也行。现在不行咱不怕，刻苦锻炼准能行。今天的你们都很棒，明天的你们会更优秀，请你相信自己，勇敢地对自己说：我能行，我最棒！（全班学生齐说：我能行，我最棒）

合：三（1）中队"我能行，我最棒"主题班会到此结束，谢谢各位领导和老师的光临！全体敬礼！（礼毕）

六、班会反思：

针对农村留守儿童较害羞、不够自信的现象，我就在班级中开展了"我能行，我最棒"的主题班会活动。我设计了三大块："勤奋学习，家务劳动和才艺展示"，将平时的学习和生活相融合，促使学生树立"我能行，我最棒"的理念，让学生们能认识到自信心的重要性，并激发他们的参与意识和合作意识。

由于这次班会活动课前做了充分的准备，我带领学生们排练节目较辛苦，学生们参与活动的热情高涨，最终呈现出的效果还可以。他们大胆地在班级这个小小的舞台上展示自己独特的风采，我相信这种快乐的氛围对他们自信心的提升有一定的帮助。

（二）探究劳动课程，培养社会劳动的实践能力

学校通过设置"走进自然"课程模块，让学生参与学校草坪、花园内部分植物的种植、养护的过程，自主探索种养技术，在亲身实践中发现问题和解决问题，培养探究精神和劳动的智慧；通过"走进社区"课程，参与街道、社区、养老院的社区服务劳动，如"我会帮助老人打扫、整理房间""我会帮老人洗头、剪指甲""我会捶背、按摩"等活动，培养学生的社会劳动意识和社会实践能力和社会责任感。

附1：经开区北固中学开展"保护环境绿化地球"师生实践体验活动★
大手牵小手植树添新绿

——经开区北固中学开展"保护环境绿化地球"师生实践体验活动

最是一年春光好，植树添绿正当时。在第43个植树节来临之际，为深入贯彻习近平总书记"绿水青山就是金山银山"的发展理念，遂宁市经济开发区北固初级中学校校团委、少先队大队部组织开展了"保护环境绿化地球"师生实践体验活动。

3月10日上午，在分管德育副校长张玉蓉及德育处工作人员的带领下，几十名学生代表兴致勃勃地在校园内植树，他们拿着锄头、水桶等劳动工具，五人一组，分工协作，挖坑、填土、浇水，每个环节大家都一丝不苟，活动现场一片热火朝天的景象，成为春天校园里又一道美丽的风景。

看着植好的小树苗，虽然脚上沾满了泥土，额头上渗出了滴滴汗水，但满满的成就感让同学们满心欢喜。

植树节活动不但为学校增添了一分绿意，更让同学们在活动过程中体验劳动，亲近自然，培养了他们关爱环境、爱护环境的意识，并促使大家将这种意识化为行动，从身边小事做起，以主人翁精神共同参与学校创建省级绿色校园活动。切实做到爱护树木，保护树木，在孩子的心里播下了绿色的希望。

学生参与校园植树节活动

三自教育

我校公区清洁卫生实行班级公区承包制。为了给学生提供一个劳动实践的舞台，我们充分利用学校的每一块场地，承包到班，采用班级负责制。在各公区张贴上班级标牌，便于学校自管会检查考核。

在实行公区承包制以前，公区是自管会安排班级轮流打扫。那时，凡是学校有上级领导来检查，最担心的就是清洁卫生的死角问题。实行班级承包制后，固定地点、固定班级，把承包班级直接张贴在相应区域。这极大地调动了学生的集体荣誉感，大家劳动起来不叫苦不叫累，打扫得特别认真，生怕被隔壁班的公区给比下去。现在走进我们的校园，干净整洁，地上看不到一片纸屑，偌大的垃圾桶空空如也，这都是孩子们悉心劳动的结果。一片小小的天地，却是孩子劳动锻炼的大舞台。

附2：北固中学班级公区示意图★

北固初级中学校清洁区域示意图（公共区域）

1. 灰色区域：教学楼和北固幼儿园，监控室和门卫室（由保安负责）。2. 粗虚线为清洁责任区界线，界线内区域由标注班级负责。3．粗虚线为学校界线，细虚线为区间划分界线。4．2020年下期学校大垃圾箱清运工作，7—9年级每个班负责一周的清洁工作，每次清运时要将箱体周围地面上的垃圾清扫入箱，每天下午第三节上课前运出已满垃圾箱，第二天早上拉回空箱。

（三）创意劳动课程，促进学生高阶劳动能力的发展

"创意劳动"课程主要通过志趣课程"小小艺术家""小小工程师""小小发明家"等模块的实施，引导学生综合运用多学科知识，通过手工艺术创作、模型设计、发明创造等实践活动，培养学生动手动脑能力，促进学

生高阶劳动能力的发展。

如我校美术教师黄荣老师的儿童版画课程教学是一大特色。儿童版画是少儿美术教育的重要组成部分，它是手工和绘画的综合体，对儿童动手动脑及创新能力、实践能力的培养是其他课业形式所不能替代的。儿童版画，是少儿美术教育的重要组成部分，它集绘画、手工制作于一体，其灵活的构图、淳朴的用色与儿童稚趣十足的美感特点极为契合。通过版画的学习，可以提高儿童的动手能力、设计能力和创造能力，培养勤动脑、巧动手的习惯。

三、家校共育策略的作用

教师对学生家长要像对待同事、朋友一样平等友好，和家长谈话、发短信要客气，要注意礼节，不起高调，不发火。教师要有包容心，以平常心对待学生的冒失和错误。与学生家长沟通，讲究一个"诚"字。只有诚心诚意，才能打动家长的心，让他愉快地与你合作。班主任应用诚心架起与家长沟通的桥梁。教师充分利用网络平台与家长进行交流，取得了比较好的效果。随着独生子女的增多，家长对孩子的期望不断增长，于是对学校的要求也不断提高，家校沟通的重要性愈发突显，它被赋予了新的使命——增加学校和家长的全方位、多层次的互相理解。完善的家校沟通及合作，可以发挥以下作用：

三自教育

（一）有利于增加家长、教师对学生的了解

让家长了解孩子在学校的学习、生活、思想情况，让教师了解孩子的生活环境以及家长可以给予的教育环境，这样充分整合两者的教育资源，形成教育合力。

（二）有利于让家长全面地了解教师

了解教师的专业素养、师德品质，从而在心中树立老师的崇高形象。古人云"尊其师，信其道"，家长只有在心目中真正认可了教师，才能足够信任地积极配合教师的工作。

（三）有利于逐步培养家长教育资源

家长的思想观念、知识水平、为人处世的态度会深刻地影响孩子的行为。如果家长的教育能力得不到提升，学生在学校受到的一些教育就不能得到很好的巩固，甚至家长的消极影响会消解学校的教育成果。教师若能和家长合作，深入地交流、沟通，让家长在教育理念、教育方法上和学校达成共识，形成默契，则可以让学生受益一生。

（四）能更好地促进学生的健康成长

家校合作的目的是让学生健康地成长，让学生充分享受来自教师和家长的关怀，以及教育给学生带来的欢乐。由于家庭的千差万别，家长对教育子女的目标、成才的观念各不相同，因此家长对子女的教育理念也不尽相同，所以家庭教育必须在学校教育的配合下，具体分析每个学生的实际情况，才能正确引导学生成才，让学生健康成长，成为有用之才。

（五）有利于培养学生良好的行为习惯

学校教育是培养学生良好行为习惯的主要渠道，学校严格按照各项教育的要求对学生进行行为规范教育。然而，培养学生良好的行为习惯是一项复杂的系统工程，需要多方面连续不断地、数年如一日地努力。家庭是学生接受教育最早、时间最长的场所，家庭教育的模式适合与否，对其能否顺利接受学校教育关系极大。因此，家庭教育和学校教育之间的协调与

配合，更有利于培养学生良好的行为习惯。

（六）能促进学校和家庭之间的信息交流

学校、家庭两个方面的教育是否密切配合，重要的一点是要及时交流信息。教师要了解学生在家庭中的表现及对待父母的态度等问题，以便有针对性地进行学生的思想工作。家长也想了解孩子在学校中的表现，并且还想知道学校是怎样开展工作的。建立家校合作后，能使这一渠道更畅通，学校与家庭教育更有时效性、针对性，目标要求更一致。

（七）优化学校教育的环境

学校虽然严格按照国家的教育要求办学，但社会和家长对学校的要求也是学校教育不断优化的一种动力，因此，学校要重视家长提出的改善学校教育的要求，另外，还要调动家长及社会成员改善社会环境的积极性和主动性。学校要充分利用家长这一有力的教育资源去优化、促进学校内外的教育环境，使学生接受的教育更完整。

第五章

教师自主发展促进教师专业化成长

师者，所以传道授业解惑也。道是师的灵魂，业是载道的工具，师是道的传播和业的解惑者。教师不仅是先进文化的传播者，更是道德建设的教育者。不仅如此，教师还是学校的立校之本，是学校生存和发展的保证。提高教师专业水平是学校教师队伍建设永恒的主题。教师专业自主发展既是终身教育和深层次教育改革的客观要求，也是教师自我完善的必然结果。教师个体的差异性及教师专业发展的阶段性，决定了教师专业发展的必然趋势是教师专业自主发展。这就要求每位教师都要有高尚的师德、专业的师能和健康的心理，并不断进行自主提升，统筹和平衡各因素之间的相互关系，促进自身的全面发展。

三自教育

第一节　教师自主发展概述

我校自主教育的办学宗旨是"一切为了人的自主发展",这里的"人"既指受教育者——学生,也指教育者——教师。自主教育是培养受教育者的主体意识和学习能力,促进其主动发展的终身教育;也是培养教育者自信、自立、自强的精神,促进其不断改变原有的知识、观念,吸纳新的知识、观念,提高自己的能力的教育。教师是教育行动的实施者,是学生自主发展的引领者,是先进教学理念的实践者,是学校特色创建的推动者,教师专业的自主发展是促进学生自主发展、推进学校特色创建、提高学校办学质量的重要保障,它是学校自主教育特色建设的应有之义。

一、教师自主发展的内涵

教师自主发展是以教师发现自我、成就自我的内在动机和需求为基础,是教师实现专业成长和业务提升的一种力量源泉。在新课改背景下,教师的自主发展既需要主观努力,又需要一定的客观保障。自主发展意味着主体的一种自觉行为,而这种主体自觉则体现为主体意识、发展意识、问题意识和创新意识上。因此,可以认为:自主发展需要主体意识。在新课改背景下,教师既没有可资借鉴的教学经验、模式,也缺乏学习材料,因此,只有具备主体意识,发挥教师的自觉性、积极性和自控性,积极探索课程与教学改革,才能实现自我超越。

(一)教师的发展意识

教师职业的特性决定了教师首先是名专业人员,教师的专业储备和专业素养是其成长发展的根基。教师的专业素养还体现在良好的知识和技能的学习整合、建构与传授的能力。因此，首先，教师应当是一个素质良好的学习者。需要通过不断学习和探究，把散乱堆积、缺少生命力、不能解决实际问题的"惰性知识"，转化为有益于自我成长的有序的"活性知识"；需要具备把"故事"讲好的能力，将教学案例想清楚，写正确，说明白。其次，教师还得具备教育技巧。

"怎样教"比"教什么"更重要，优秀的教师应该明确每节课的教学任务，运用"输入—建构加工—输出"的教学策略，通过有序的疏通与引导，科学地打造高效课堂。通过留空留白的互动与探究，充分激发学生的潜能。因此，教师在教育教学的过程中要有专业发展的意识。

教师是一种特殊的职业，承担着优秀文化传承与发展的使命。教师每天都面对新的教育理念的挑战，以及不断学习新知识的困扰，经常要面对新的教学方法的冲击。时代激荡，不进则退，稍一停止进步就会"理念滞后、知识匮乏方法陈旧"，这迫使教师树立不断学习的意识。这是教师职业教育的需要，也是教师职业发展的需要。

教师的教育主要是继续教育，是边工作边学习的过程，在工作中学习，在学习中工作。二者既是矛盾的，又是统一的。怎样解决教师的工学矛盾？一是利用工作之余，积极参加有关部门组织的离岗学习，把在岗位教学实践中遇到的问题，通过理论学习去认识、去升华。二是在工作中学习，教师的教育很多方面是和教学工作密不可分的，要学会带着问题去工作，在工作中去思考，在教学中去理解，在实践中去提高。

（二）教师的创新意识

经济学家熊彼特在他的德文著作《经济发展理论》中，首次提出了创新的概念。我国把"创新"一词引入了科技界，有了"知识创新""科技创新"等各种提法，进而发展到社会生活的各个领域。在教学领域，不仅局限于教学成果的创新，还包括教学思维创新、教学方法创新、教学管理模式创新等。唯有教师的创新，才会有学生质疑问难精神的培养，引导学

> 三自教育

生积极主动地在自主、合作、探究的学习过程中发现问题、提出问题、解决问题。让学生"靠自己的能力"去学习，从而达到培养学生的创新意识和实践能力的目的。面对知识的更新和教学对象的变化，作为一名教师，必须树立创新意识，在遵循教学规律的前提下，以丰富的知识作为基础，具有敢为人先的胆识和勇气，对约定俗成的教学方法和教学内容敢于持怀疑态度，敢于标新立异，不墨守成规，不迷信权威，鼓励并参与学生的想象。不断在教学实践中尝试、探索，形成与时俱进的教学模式，积极主动应对教学中出现的问题，才有利于进行创造性教学。

(三) 教师的团队合作意识

新课程标准热切呼唤综合型教师。它极力要求教师打破自己原有的知识结构，冲破学科壁垒的禁锢，不再画地为牢，不再让知识结构单一，而应在向纵深处发展的同时广泛涉猎其他学科的知识，加强与其他课程及生活的联系，促进学科素养的整体推进和协调发展。教师之间应该随时切磋、交流，相互启发、补充，实现思维、智慧的碰撞，从而产生新的思想。作为教师，单打独斗是很难开创事业的春天的。只有打破以自我为中心的封闭式教学心态，以开放的姿态，认真聆听其他学科教师的教学理念、育人方法、教学手段等，从他们的闪光点中启悟自己教学的得失，权衡自己教育的利弊，从中撷取能为己所用的知识，才能不断充实自己。只有"站在他人的肩膀上"，加强横向交流与合作，才能不断提高自己的教学技能，提高教育教学效率。只有把合作的理念贯穿在整个教育教学过程中，形成平等、民主、合作的，教师与学生之间、教师与教师之间、领导与教师之间、教师与学生家长之间、教师与社会各界人士之间的良好而健康的合作关系，才能使教师更具感召力、凝聚力，使学校产生发展的活力，形成发展的原动力，才能全面而深入地推行新课程改革，实施素质教育，大幅度地提高教师和学生的素质，从而提高教育教学的质量。

(四) 教师的问题意识

问题是一切研究的起源和动力。新课程改革探索中充满了矛盾和问题，只有认识与解决了这些矛盾和问题，新课改才可能有所进展。然而，这些矛盾和问题不会自动暴露出来，它们往往隐藏在一些活动之中。因此就需要教师做有心人，经常去发现矛盾与问题，探究解决矛盾与问题的办法。只有这样，课堂教学才能不断发展，获得新生。

二、教师自主发展的意义

自主发展是教师不断改变原有的知识、观念，吸纳新的知识、观念，提高自己的能力，转变自己角色的过程。教师的自主发展是教师专业成长的一个重要途径，是教师主体性的一种重要表现，是教师职业道德的一项重要内容，是一切自觉为教育事业献身的教育工作者的自觉行动。在当前进行课程改革的背景下，教师进行自主发展具有重要意义。

（一）教师的自主发展事关教师的身心健康

在新课改背景下，教师要按照一种全新的理念去实践，在这个过程中既没有现成的经验可以借鉴，又没有典范的模式可以参考，只能靠学习和探索。这意味着教师要付出更大的努力，花更多的时间去备课；也意味着在此过程中必将遇到更多的问题，产生更多的矛盾。有研究者指出"参与课程开发既是权力，也是负担"，"活动多是好事，也是坏事"。有的教师甚至提出"我们的健康受到威胁""我们是人，不是神""新课程改革在为学生着想的时候，能不能多为我们教师想一想呢"。与此同时，新的理念、目标和要求等也与教师的观念、知识、能力、角色、习惯等产生直接的矛盾冲突。在教师方面，主要的三个难题是新的课程理念与教师传统的教育和教学观念的矛盾，新的教材与教师旧有的知识体系的矛盾，以及新的教学方式与传统教学方式的矛盾。比如：新课改空间自由度大与教师创造性实施能力小的矛盾，新教材编排体例的变化与教师教学习惯的矛盾，新课改理念下的教师角色定位与传统的师道尊严的矛盾，新教材内容的开放性与教材配套资源不足的矛盾。总结出一句话就：教师知识与教材有矛盾，现实的教学设备及资源没有保证，教师仍然习惯于依赖教材。一些教师感叹：新材料表面上看，似乎比以前更容易了，但是实际上比以前更活了、更难了；现在的尴尬是，老方法不灵，新方法不会。

在这种种矛盾现象面前，教师自然会产生一些心理失调的问题。有研究者指出，在新课改这一新的压力源下，一部分教师表现出自我否定的痛苦感、新型师生关系引发的不适感、自身素质缺失的焦虑感、相互矛盾现象带来的茫然感。新课改实施以来，反映这种状态的词语随处可见：革命、挑战、摩擦、洗脑、不适、矛盾、冲突、痛苦、焦虑、茫然……教师的身心健康处于危机状态，可通过外减压力、内强素质来缓解。外减压力是相对的，最根本的还是要靠教师内强素质。主动、积极、及时地调节自己的身心，更新自己的观念，更新自己的知识和能力，更新自己的角色，才是最好的选择。

（二）教师的自主发展事关新课改的成败得失

回顾中外教育史上的几次重大的课程改革，不难发现，教师自始至终都是课改十分关键的因素。据研究表明，阻碍教师参与课程改革的原因大致有12种：主权缺乏、利益缺失、负担增加、行政支持缺乏、孤立、不安全、规范不一致、厌倦、混乱、知识不同、突然性大规模变革以及其他意想不到的阻力。有人将这些原因进一步归纳为习惯的惰性、知识的缺失、利益的担忧、体制的滞后和人际关系的失调五大类，与教师自身有明显关系的原因至少有习惯的惰性、知识的缺失、利益的担忧等三大类。

习惯的惰性是存在的。从课改实践可以看出，教师往往囿于习惯思维和传统做法，手里拿着课改新教材，却自觉或不自觉地走着传统教学的老路。常见的习惯性惰性有三：一是权威取向，教师往往认定教参或名师的教案就是正确的，并常常据此轻率地否定学生中的不同观点；二是从众心理，不少教师常将示范课作为自己教学的框架，这影响了其应有的独特的教学方法和教学风格；三是经验定式，不少教师的思维广度往往被经验的狭隘性所束缚。

知识的缺失是严重的。教师的知识欠缺得实在太多了：教师很可能缺乏学生从其他途径了解的知识，也很可能缺乏现代信息技术方面的知识，还可能缺乏校本课程开发的知识，缺乏指导研究性学习的知识，等等。缺乏这些知识，当然会在很大程度上阻碍新课改的推行。

利益的担忧也是可能的。新课改打破了师道尊严，要求教师由居高临下的权威转变为"平等中的首席"。教师走下"神坛"，成为与学生平等的人，这在某种意义上的确危及了教师的利益。当然，新课改客观上还可能导致教师付出更多的劳动，牺牲更多的休息时间，等等。

由此，我们不难想象，如果教师不进行自主发展，不及时地消除习惯的惰性，补充急需的知识，转变自己的角色，其结果只能是以原有的观念、知识、能力与角色去应对新的课程要求，"穿新鞋，走老路"，无异于放弃或抵制新的课程改革。

（三）当下新课改的紧迫性，增加了教师自主发展的重要性

就目前的情况来看，教师中存在着种种问题，有针对性地对教师加以培训存在不小的难度，至于要在短暂的时间里完成这种培训，难度更大。仅靠报告宣传和理论学习等，往往很难将课程改革的理念转变为教师的观念与行为，唯有发挥教师个体的主动性和积极性，通过教师自己的努力，进行观念、知识、能力、角色诸方面的更新，才有望成功推行新课改的宏伟计划。因此，从这种意义上说，教师的自主发展，是制约当前以及今后一段时间里我国基础教育新课改的"瓶颈"。当然，教师的自主发展并不意味着完全是教师个人的行为，所有的教师可以一起合作、交流，形成群体性研究热潮，共同走上自主发展的道路。群众性教学研究活动不仅可以降低教师备课难度、减少精神压力与体力消耗，而且还能相互学习、相互促进，加快自主发展的步伐。可以说，这是在新课改这项紧迫任务面前的有力举措。

三自教育

三、教师自主发展的途径

教师的自主发展是以教师发现自我、成就自我的内在动机和需求为基础，是教师实现专业成长和业务提升的一种力量源泉。教师自主发展的动力来源于教师自身发展的内驱力，以及以学校管理者的发掘能力和激励技巧为基本手段，并依托于教师自主发展的激励机制。教师自主发展集中体现在精神风范的彰显与业务技能的淬炼过程之中，教师必须及时更新教育理念，反复进行自我省察，不断夯实专业内功，加大持续学习力度，在诸多有利要素相融相生的过程中不断积淀、完善自我，最后释放出自身内在正能量以促进专业发展。

（一）自主学习，为自主发展聚能

学习对于教师的自主发展具有重要意义。众所周知，学习与学问（知识）是紧密相连的，学习是个体获得知识的途径。在众多学科中，对人类学习机制的认识最深刻的也许是心理学。单是对"学习"概念所给出的定义就有很多种。其中，认知心理学家和认知建构主义者对"学习"的定义显得更为精练与深刻。认知心理学者认为"学习是知识的获得"，认知建构主义者主张"学习是知识的建构"。二者强调的重点不同，但都表征了学习与知识之间的关系。这就告诉我们，学习是教师增长知识的唯一渠道，是教师积极更新知识的捷径。

1. 向书本学习

一方面，教师要向书本学习本学科专业知识并拓展性专业知识，学习跨学科专业知识。不少教师知识结构的宽度不够，知识体系不够健全与完整，阅读量严重不足，缺乏分析问题和解决问题的能力。还有的教师对本学科的专业知识掌握的深度不够，特别是对拓展性知识和跨学科知识的掌握，更显得匮乏。解决这一问题的唯一办法，就是要求教师认真钻研本学科及相关学科专业知识，提高自己的文化知识底蕴和学科理论水平，建立起既专又广又博的完整的知识体系。

另一方面，教师要认真研读各种教学期刊、研究报告、论著等文献资料，不断了解学科教学及教育的最新动态和前沿知识，丰富自己的教育信息，提高自己的综合文化素养。为了让教师更好地开展学习，我校专门改建了供教师阅读的书吧，为教师订阅当前最权威的教育教学报纸杂志，组织教师定期开展自主学习活动。

2. 向他人学习

一是教师要积极参加教研组等协同成长团体活动，不仅参加本学科的教研活动，还应参加相关学科的教研活动，通过参加活动，在与组内其他成员的互动过程中，学习他人的知识、经验，增加自身的教学知识。二是经常参加各类专家讲座、教学研讨会，有条件的可以积极争取到学术单位进修，从而开阔视野，增长见识，丰富知识。三是通过参观和教学观摩等方式向他人学习，这种方式对获取那些只可意会、不可言传的教学隐性知识非常重要。四是教师可以通过与资深的教师、名师等相关人员结对的方式，获取自己所需要的知识。

3. 通过网络进行学习

互联网是一个巨大的学习空间，它打破了年龄、时间和空间等诸多限制，教师应该积极探索适合自己的学习策略，充分利用网络资源进行学习。如学校在校园网上以教研组为单位，建立校本资源库，教研组长或备课组长定期上传教学资料，教师可自行下载学习；再如教师可登录教育资源网，开展专业学习；有条件的教师可以建立自己的个人空间，加入名师工作群，这样可以不受时间和空间的限制，在网上与专家学者以及同行的交流与研讨，通过交流研讨提升自己的专业水平。

(二) 教育科研，为自主发展蓄势

教育科研就是教师个人或教师群体对本校教育问题的探讨和思考。从本质上说，这是一种教育行动研究，是教师围绕日常教育教学活动中碰到的问题而展开的研究活动，其目的主要在于解决现实问题。教育科研引导教师在平时的教育中去发现问题、分析问题，最终寻找行之有效的解决问题的方法和手段，不断提高自身的教育教学水平与能力，为自主发展蓄势。

三自教育

教育科研的形式很多,教师易于进行的大致有四种:

1. 撰写反思性教学日记。教学日记是课堂生活的记录,其中既有各种观察资料、经验分析,又有教师对自身实践(尤其是课堂教学中的关键事件)的反思与解释。撰写反思性教学日记,实际上,是教师对自己的课堂生活的推敲琢磨的过程。

2. 口头切磋商讨。这是两个或多个教师一起通过检讨教学活动中遇到的具体问题(如教学观念、教材、学生的行为表现与作业等)来积累自己的教学经验的一种方式。口头切磋不是一般意义上的教师谈话,因为它常常要求切磋者按照一定的程序,仔细准备资料,提供能使其他教师重新翻阅和审视的分析记录。对于教师来说,口头切磋是提出问题和解决问题的大好机会。

3. 合作性课堂研究。这是教师们一起研究(观摩与讨论)某个教师的课堂教学,包括研究其课堂环境与课堂文化、教学方法与教学手段、教学语言与师生互动、教学目标及实现程度等方面的活动。这种合作性课堂研究基本上由授课教师进行说课、上课、自评与他评(即别的教师评课)等环节构成。它至少具有诱发反思、分享经验以及取长补短的作用。

4. 合作性课题研究。当下的课题研究有很多,包括校本课程开发、课件制作、新课程实施策略研究、学生研究性学习指导策略开发等。合作性研究除了指一校之内的研究,也指校际的合作性研究。它能够集中教师的智慧,充分利用各校资源,较好地解决新课改过程中遇到的多种难题。

这四种形式的校本教研,其主体是不同的,第一种形式的主体是教师个人,其他三种形式的主体则是教师群体,由口头切磋到合作性课堂研究,再到合作性课题研究,其规范程度不断提高。通过这些形式的校本教研,教师不仅能及时解决新课改的问题,更能通过知识互补、经验共享、智慧碰撞、能力锻炼、境界提升,实现自主发展。

(三)教学改革,为自主发展扬帆

教师自主发展,归根结底,是在教学改革的过程完成的。教学改革是打破教学上的旧观念、旧制度、旧做法，形成新观念、新制度、新做法。在新课程改革背景下，教师唯有在教学改革中及时更新教育理念，掌握先进的教学手段，探索新的教学方式，才能实现自我的发展与更新。

1. 备课内容的改革

备课是指教师在课前熟悉教材、了解学生、选择教法、准备教具、最终形成教案的过程。其中有助于教师发展的主要活动包括准备教材、了解学生、研究师生互动过程、进行教学设计等四个方面。研究教材就是激活改组和拓展教材。而这实际上正是作为新课改一个部分的校本课程开发。了解学生包括了解学生的学习需求、学习能力、学习方式和学习资源，这有利于教师以学定教，提高教学效果。研究师生互动过程是指研究教学过程中师生积极交往、共同发展的过程。进行教学设计是教师根据教学目标，把教学观、课程观、学生观等综合起来，设计出课堂教学的大致环节、重点与难点的解决办法、教学材料的运用方式等的活动。

2. 教学设计的改革

教学设计是分析教学需求与问题的基础上，进一步确定解决教学问题的步骤和方案，通过评价和反馈来检验方案实施的效果，并修订完善方案，以优化教学的一种规划过程操作。教学设计是教师提高教学水平的重要途径之一。

3. 课堂教学的改革

课堂教学的改革是真正体现素质教育、落实新课改精神的主战场。教师在课堂改革中要综合运用新知识、新能力，扮演新角色，体现新观念。能够体现教师自主发展的课堂教学改革活动主要有：(1) 使课堂教学组织灵活化。敢于打破传统教学模式，善于根据课堂上学生的问题、兴趣等及时调节教学进程，做到以学定教；(2) 使教育场所非固定化。教育场所非固定化，首先，是能在教室外的场所开展教育与研究活动；其次，是能根据教学活动的目标改变教室里的课桌安排，能尝试圆桌式、集块式等促进小组合作活动的现场安排；(3) 使教学材料多元化。教材不再限于黑板、粉笔

> 三自教育

与教科书"老三样",能够把现代信息技术、社会事件以及学生日常生活中的事拿来作为教学材料;(4)使学生的课堂角色主体化。教师的主导作用体现在使学生真正成为课堂活动的主体,教师的主导性活动在于启发、点拨、引导。

第二节　师德奠基教师自主发展

教师是立校之本，师德是教育之魂。为了打造一支具备高尚师德、优秀师表、模范师爱、精湛教学技艺的教师队伍，我校一直高度重视师德师风的建设。

一、师德建设的重要性

《中共中央关于加强社会主义精神文明建设若干问题的决定》明确指出，全面加强社会主义道德建设，以加强职业道德建设、纠正行业不正之风为重点。教师承担着教书育人、培养下一代的历史重担，加强教师职业道德建设尤为突出和重要。新时期、新形势给师德建设提出了许多新的历史课题。

（一）加强师德师风建设的重要性和紧迫性

加强师德建设，对规范师德行为，提高师德水平和端正教育行业风气，具有重大的现实意义。教育发展以教师为本，教师素质以师德为本。教师是落实以德治国方针、推进素质教育的实施者，是学生增长知识和思想进步的指导者和引路人，是实现科教兴国战略的生力军。加强师德师风建设是落实十六大精神，推进学校建设的重要内容。

加强师德建设是建设高素质教师队伍的迫切需要。改革开放以来，广大教师献身教育，殚精竭虑、无私奉献，为发展教育事业付出了艰辛的劳动，同时也为维护和发扬高尚师德传统做出了不懈努力。可以说，教师队伍中，绝大多数人是正直的、品德高尚的。但是，目前教师队伍中存在少数人思

三自教育

想政治水平不高,道德品质、人格特性存在缺陷,业务能力不强,治学不严谨等问题。特别是一些学术风气不正、学术道德失范的行为,严重损害了教师和学校的形象,给教育事业带来了不良影响。种种师德问题的存在,使加强师德建设显得十分迫切。加强师德师风建设,对建设高素质的教师队伍具有重要意义。

加强师德建设是改进教风、带动学风的迫切需要。教师的教风直接影响着学生的学风。教师中存在着对教学不负责任、应付了事,对学生漠不关心,教书不育人,自我要求不严,不能为人师表等行为,必然损害教师在学生心目中为人师表的形象。这要求我们在推动素质教育的过程中,把教师思想政治素质放在首位,以师德建设为突破口,带动教师队伍整体素质的提高,以师德促进教师教书育人责任感的增强,以良好的教风,促进学生良好学风的形成,激发广大学生为奉献祖国、服务人民而发奋学习。

(二)加强师德师风建设对教师自身素质的基本要求

1. 要强化师德建设的价值观念基础

为了使师德规范真正深入广大教师的内心,成为教师在教育教学工作中的行动指南,学校必须注重塑造教师正确、全面的道德价值观念。例如,学校不仅要揭示师爱对于社会和学生的巨大价值,而且还要说明它们对于教师生活本身所具有的意义。课堂教学于教师而言,不只是为学生成长所做出的付出,不只是别人交付任务的完成,它同时也是自己生活价值体现和自身发展的组成。

对教师进行师德价值认知教育,必须注意理论与实际的结合,关键在于启动教师的主体意识:一是需要借助于教育、人文、社会科学理论的多方面指导,以加强教师自身的理论修养;二是需要教师在自身的教学实践中,在正确的思想理论指导下,反复进行道德的认知、体验和觉悟,逐步形成较为正确而稳定的教育人生观和方法论。实践表明,师德价值认知教育是更为积极的教育活动,最终将会演变为师德的新观念和新方法,成为师德的基本能力之一。

2. 要强化师德建设的心理素质基础

教师要有提高师德的思想价值观念，还必须具备另外一种道德能力，即一种健康的职业道德情感，以使他们在实际工作中有着必要的心理支持促使他们认真履行教育职责。师德情感是师德价值在教师身上的道德习性化或心理化。从道德的积极含义来说，师德情感是以敬业、乐教、爱生为标志的一种职业情感。这种情感既是教育职业生活对教师的客观要求，也是教师在职业生活情境中所表现的心理品质或心理能力。由于每个人在个性上存在差异，每个教师所表现的师德情感也可能表现出不同的特征。然而，在教育教学过程中，以敬业、乐教和爱生为标志的职业情感表现则是一种共同的要求。敬业情感主要反映了教师对自身从事的教育事业高度重视与执着的价值体验；乐教情感主要是反映了教师对于教学工作的自足和自悦感，俗话所说的"学而不厌，诲人不倦"就是这种心理状态；爱生情感是教师在教育教学活动中对学生所产生的一种主动关切的情感，这种师德情感促使教师能积极地参加各种教学活动，并能够取得良好的教学效果。

3. 要夯实师德建设的技术基础

从教师职业角度来说，师德是为教育职业服务的，教育的目的则是为了使受教育者在德、智、体、美诸方面得到全面的发展。所以，评价一个教师师德的好与不好，主要是看他(她)通过履行师德义务能否获得更为积极和有效的教育结果。毫无疑问，为了取得良好的教学效果，除了师德认知和师德情感之外，还必须辅之以师德艺术。进一步说，师德实践的完成，除了必须具备"识业、敬业、乐业"等道德能力之外，还必须具备"善业"这一项能力基础。师德艺术是指在教师职业道德的履行中，教师所表现出来的特殊方法和技巧，师德艺术即是我们经常提倡的教育教学艺术。

当然，它们是在正确的思想道德观念、道德情感作用下由教育者创造的特殊方法和技术。"爱是一种责任，也是一种能力"，现代师爱是不可能不通过学习和研究就能掌握的。师爱是一门专业职业艺术，是教师运用教育教学规律，采取巧妙的方法和手段，即时即兴地发挥和创造，有时会达到只可意会不可言传的效果。

可见，师德要艺术化，必须从善良的道德动机以及正确的价值观念走向进行操作。过去，我们往往强调教师朴素的道德观念和态度，以及简单的道德行为表现，容易从表面上看一个人是否忠厚、老实和善良，因而忽视其能动性和创造性以及其中具有关键作用的方法和技术，造成重表面而轻实效的倾向。由此看来，考核教师道德是否合格，不仅要看他的道德目标和动机，而且还得看他是否具备师德的艺术及其水平。当然，我们提倡的师德艺术并不是要离开正确的思想观念和道德良知的指导，也不是离开健康的心理素质的基础，而是要求教师能够德才兼备，做到有德有才。

4. 教师身体力行、潜移默化地引导学生做一个合格公民

教师在传授专业知识和技能的过程中，更应注重传授那些无法用语言文字描述的隐性知识，并力求做到开启每一个学生的创新能力。我们认为，不管是狭义上的师德，或是广义上的师德，师德都不仅仅是指教师从事教育活动中必须遵循的规范、准则本身，而应是教师把这些规范、准则逐步内化，成为自己从事教育事业的准则。师德自古有之，不同时代对师德有不同的要求，现代师德是对古代师德的继承与发展，并在知识经济时代赋予了师德新的内涵。

二、师德建设的目标

(一) 工作目标

围绕学校"自主教育"特色中心工作，以"敬业爱生、教书育人"为核心，以"德为人先、学为人师、行为世范"为准则，以提高教师思想政治素质职业理想和职业道德水平为重点，强化师德教育，履行师德规范，不断提高师德水平，努力铸就一支"讲正气、显大气、有朝气"的高素质专业化教师队伍，办好社会满意的学校。

(二)具体措施

1. 加强师德师风建设的宣传

组织开展师德师风主题活动月,利用教师节暑期师德培训大力宣传学校师德师风主题教育,大力宣传优秀教师、优秀班主任和德育先进工作者等师德先进典型的模范事迹,展现学校教师的精神风貌,倡导尊师重教的良好风尚。

2. 开展多层次、多形式的师德师风教育

健全师德师风常规教育和学习制度,把师德师风作为学校教师专业化发展的内在核心,将师德教育纳入教师全员培训、骨干教师培训、班主任培训等各类教师培训工作的重要内容。开展"师德师风主题教育月"活动。

3. 实施"四个结合"教育

"四个结合":坚持把师德师风建设与学校特色发展相结合,引导教师积极投身于学校特色创建与教学改革工作中;坚持把师德师风建设与校园文化建设相结合,以良好的师德品质影响和引领学生;坚持把师德师风建设与党风廉政建设相结合,增强教师法律意识,依法治教,自觉遵守党纪、国法和校纪校规,坚决杜绝滥收学费、赌博、办假文凭等违法乱纪行为;坚持把师德师风建设与岗位奉献相结合,热爱学生,言传身教,为人师表,乐于奉献,以高尚的情操引导学生全面发展。

4. 开展研讨活动

以师德师风建设为主题,在教师中开展师德师风建设的专题研讨与讲座。通过专题研讨,引导教师自觉提升自身的师德修养,规范教风和工作作风。

5. 开展各项评比活动

教师和学生评选一批师德师风的先进典型,通过学生测评、同行推荐、家长投票等途径,每学年评选学校"最美教师",每三年评出"北固名师",并在教师节前后、校园文化艺术节分别召开表彰大会进行表彰,营造崇尚高尚师德的浓郁氛围。

三自教育

三、师德建设的实践

为进一步加强我校的师德师风建设，使师德师风建设活动更扎实有效地开展，我校在这方面进一步制定整改措施。

（一）健全师德制度，让教师职业幸福观深入师心

师德师风建设是一项系统而复杂的工程，是永恒的主题。良好的规章制度是提高约束力、增强凝聚力的主要机制。为此学校将结合工作实际，对照师德规范要求，科学制订和逐步完善师德师风各项规章制度。

附：《遂宁市北固初级中学校教职工师德师风评议量化标准》★

遂宁市北固初级中学校教职工师德师风评议量化标准

一、师德师风评议内容和标准

（一）依法执教（9分）

1. 热爱祖国，拥护党的领导，不得有违背党和国家方针、政策的言行，自觉维护祖国统一、社会安定和民族团结。（3分）

2. 全面贯彻党的教育方针，热爱人民的教育事业，在教育教学中自觉同党和国家的方针政策保持一致。（3分）

3. 自觉学习和宣传马列主义、毛泽东思想和邓小平理论，认真实践"三个代表"重要思想，遵守和维护教育法律法规，具有依法执教的自觉意识。（3分）

（二）爱岗敬业（26分）

1. 教书育人，尽职尽责，主动承担工作职责和应尽义务，能按时保质完成工作任务，不对本职工作敷衍塞责。（5分）

2. 认真备课，认真上课，认真布置和批改作业，认真辅导，认真考核，认真组织课外活动。（18分）

3. 校长坚持上课听课。学校校长和其他领导成员按有关规定完成上课、听课任务。（2分）

4. 离校请假。除婚、丧、产假等法定假日由校长按有关规定执行外，因事因病离校，校长向教育主管部门请假，学校其他校级干部请3天以内

的假，应向校长请假，请3天以上的假，应向教育主管部门请假。（1分）

（三）热爱学生（18分）

1. 关心爱护全体学生，保护学生身心健康和安全，保护学生合法权益，在危险和灾难来临时能保护学生。（6分）

2. 尊重学生的人格，公平地对待每个学生。不歧视、侮辱、体罚或变相体罚学生，不赶走学习有困难的学生。（5分）

3. 不得将异性学生放学后单独留到办公室谈话、辅导功课、批改作业。（5分）

4. 尊重学生身心发展特点和教育规律，注重学生的心理健康教育。（2分）

（四）严谨治学（8分）

1. 具有优良学风和终身学习的自学性，刻苦钻研业务，改进教育教学方法，掌握必要的现代教育技术手段，提高教育教学水平。（2分）

2. 遵循教育教学规律，积极参与教学科研，努力提高自身科研水平，在工作中勇于探索创新。（2分）

3. 做到"四个一"，即每学期读一本好书，写一篇理论或经验文章，帮扶一个学习有困难的学生，上一堂优质课。（4分）

（五）团结协作（7分）

1. 谦虚谨慎、顾全大局、服从领导，严禁拉帮结派、打架斗殴、搬弄是非。（3分）

2. 尊重同志、相互学习、相互帮助，维护其他教师在学生中的威信。（2分）

3. 关心集体、积极投身集体活动、维护学校荣誉，能够正确处理集体和个人的关系，有强烈的集体荣誉感。（2分）

（六）尊重家长（6分）

1. 主动与学生家长联系，每学期至少开一次家长会，家访不得少于班级总人数的30%，认真听取家长的意见和建议，取得支持和配合。积极向家长宣传科学的教育思想和方法。（2分）

2. 教育学生尊重家长。（2分）

3. 尊重学生家长的人格，不训斥、指责家长。（2分）

（七）廉洁从教（8分）

1. 不以职谋私，不私自以补课、辅导、复学等各种理由收受、索要或变相索要学生和家长的钱物，不利用学生家长的关系为自己谋取私利。（3分）

2. 不乱收费，不在校外办班，不向学生和家长推销和变相推销商品和课外书刊、教辅资料等。（3分）

3. 工作期间不得从事商业活动。（2分）

（八）为人师表（18分）

1. 品行端正，诚实正直，言行一致，表里如一，严于律己，以身作则。（2分）

2. 奉公守法，模范遵守社会公德和法规法纪，没有违法违纪行为。（4分）

3. 文明执教，语言规范健康，举止端庄，衣着整洁得体，上课或开会不得吸烟、看手机。（4分）

4. 坚持健康文明的生活方式，不得酗酒和酒后进入课堂，不参与色情、封建迷信、邪教等有损教师形象的活动。（5分）

5. 不得参与任何形式的赌博活动，禁止工作时间参与休闲娱乐活动。（3分）

二、师德师风评议记分办法及等级认定

1. 评议满分为100分，共分8个大项，28个小项，根据个人师德师风表现，逐项进行评议打分。8个大项中各小项如有违反行为，该小项不得分。若违反该小项行为情节恶劣，其大项也不能得分。

2. 自评、教师民意测评、学生和家长及社会测评、评议领导小组评议分权重分别为20%、30%、10%、40%。

3. 评议总分在90分以上者为优秀，80~89分为合格，70~79分为基本合格，70分以下者为不合格。

4. 有下列情形之一者，直接定为不合格。

（1）因乱收费、在校外办班、乱发资料受到执纪执法部门党内警告或行政通报批评及以上处分的；

（2）有性犯罪行为者；

（3）在教育教学和学生管理中造成重大安全事故，受到党内严重警告或行政记大过及以上处分的；

（4）侮辱、体罚或变相体罚学生，受到党内严重警告或行政记大过及以上处分的。

（二）加强学习，提高认识

学校要经常性地采用各种形式，加强师德教育的学习与宣传。学校广播站开设师德师风专栏，经常发表师德典型的先进事例。另外，开通校长信箱，让学生和教师提出意见和建议，便于学校领导了解情况，及时梳理总结，使教师和学生面对面地交流，及时解决各种问题，力争构建一支师德高尚、教育理念新的教师队伍、营建学风浓厚、师生和谐的良好环境。

例如2019年3月5日，在遂宁经开区教育内涵式发展项目启动仪式上，方略领衔专家凌宗伟为全校师生做了"让我们成为教育的积极力量"的主题报告。他谈到"教育信仰"是教师在教育实践中形成的对教育本质、教育活动、教育价值等深度教育问题的本真追求，是对教育价值、教育理想的皈依和对教育事业的热爱，是超越了教育实践本性、内化为教育行为的心理状态和精神诉求，是外在行为与内在精神的双重超越。他用犀利的语言、深刻的见解为老师厘清职业发展及专业成长中一些困惑，引领老师反思，并希望老师不断读书学习，充实内涵。

附：心得体会《不忘初心，潜心研修》★

不忘初心，潜心研修

——听凌宗伟"让我们成为教育的积极力量"

教师专业发展讲座心得体会

3月5日下午，经开区教育内涵式发展项目启动会后，方略领衔专家凌宗伟作了《让我们成为教育的积极力量》教师专业发展讲座，凌老师用幽默风趣的言谈，犀利的见解为我们打开了教育的一扇大门。这次讲座让我受益匪浅，感谢学校为我们提供这个学习的平台。

三自教育

"什么是教育?"德国著名的哲学家雅斯贝尔斯在书中写道:"教育的本质是:一棵树摇动另一棵树,一朵云推动另一朵云,一个灵魂唤醒另一个灵魂。"这正是对凌宗伟老师所提到的教育的积极力量的完美诠释。我认为今天的教师面临着各种各样的挑战,如职业倦怠、对学生问题的束手无策、师生关系紧张问题等等,只有解决好这些问题,才能做乐观的老师,才能教出乐观的学生。老师是学生的学习榜样,只有教师拥有积极的心态才有利于学生拥有积极的心态。

当前,我校正处于内涵发展的关键时期,我们每一位老师重任在肩。习近平总书记提出:"当老师,就要心无旁骛,甘守三尺讲台。"甘守三尺讲台,是对我们全体教师不忘初心的召唤。不止一次地听见坚守在一线上课的老师吐露心声:我只想清清静静地教点书。诚然,我坚信我们学校的每一位老师都忠于职守,无论是批改作业,还是管理学生方面,都无愧于心,但要怎样教好书,怎样管理好学生,让学校有一个翻天覆地的大变化,那还需要全体教师多交流沟通研讨,需要方略集团的专家们的帮助才行。就拿我们学校的文化建设来说,学校把社会主义核心价值观装框上墙,开展一系列经典诵读活动,如每周一诵。但取得的效果收效甚微,仁义礼智信,温良恭俭这些中华传统美德却很少出现在我们学生身上,整个学校的文化氛围还欠缺了一点什么东西。传统文化进校园,学校的文化建设不仅需要学校的规范管理,更需要走向文化浸润,作为老师,我们应该率先学习,用实际行动来影响学生,传承中华民族优良传统。

印度大诗人泰戈尔说过:"花的事业是甜蜜的,果的事业是珍贵的,让我干叶的事业吧,因为叶总是谦逊地垂着她的绿荫的。"静心学习,潜心研修,在今后的学习生活中,我们应该爱岗敬业、刻苦钻研,潜心育人,为人师表,做学生成长路上的领路人。

(三)要进一步尊重学生、关爱学生

教师要树立新理念,充分认识到教师和学生在人格上是平等的,相互之间是平等对话的主体。当学生犯错误时,教师要和颜悦色,认真查明事情的原委,妥善做好工作。对学困生要从智力和非智力因素、情感、态度、价值观等方面找出原因,因材施教,分类指导,给出多层次、分阶段的要求;找出学困生的闪光点,找准其长处,使他们的长处得到展示,充分体验到"我能行";不用羞辱歧视性的语言批评学困生。

附:北固中学开展"迎新春·颂党恩"关爱留守儿童系列活动报道★

经开区北固中学开展"迎新春·颂党恩"关爱留守儿童系列活动

留守一份真情,奉献一片爱心。根据市教育和体育局《关于做好春节寒假期间留守儿童关爱工作的通知》精神,为帮助广大留守儿童过一个快乐、平安、祥和的新春佳节,经开区北固中学近日开展了一系列"迎新春·送温暖·听党话·颂党恩"关爱留守儿童活动,为孩子们送去了新春的祝福和温暖,此举得到社会普遍赞誉。

德润童心齐守护

春节将至,岁寒情深。2月6日,北固中学在学校留守儿童之家开展集体慰问活动,为部分留守儿童赠送文具盒、笔和本子等学习用品。蒋厚文校长还为孩子们普及了当前疫情防控工作最新要求,鼓励孩子们假期做好个人防护,做到勤洗手,出行戴口罩,多通风,少聚集,争取过一个有意义的寒假。让孩子们切实感受到了北固中学这个大家庭的温暖!

红烛暖心助成长

2月7日,为密切家校联系,学校组织开展走访贫困儿童家庭的活动,同时也为孩子们带去学习用品。家访中,老师与家长亲切交流,了解学生居家学习和生活中存在的问题,交流科学的家庭教育理念,对家长的询问进行了细致的解答和热情帮助,特别提醒家长们注意冬季传染病预防及居家安全要领。

结对帮扶送温暖

为进一步充分发挥党组织和党员的先锋模范作用,让留守儿童在生活和学习上得到关爱,感受党的温暖,2月8日,北固中学党支部开展了"不忘初心,牢记使命"党员结对帮扶关爱留守儿童活动,广大党员教师与结对学生搭建连心桥,帮助他们学会学习、学会做人,使他们健康快乐地成长。

三自教育

鼓励他们用自己喜欢的方式，歌颂党的恩情。

温情陪伴爱相连

在学校团委倡议下，各班已分别开通并公布假期关爱热线电话，班主任将通过电话，对本班学子逐一进行新春祝福，了解学生们节日期间的学习生活情况，鼓励大家文明过节、安全过节、科学过节。

情至深冬，暖心守护。点亮贫困留守儿童心中的那盏灯，传递温暖，表达爱意，让他们在欢乐和睦、积极向上的环境中健康成长是我们每一个教育者的责任。在今后工作中，北固中学将继续把关爱活动作为常态化工作，让留守儿童感受到家一般的温暖，为他们创设快乐、平等、和谐、健康的成长环境！

（四）要尊重家长

教师要针对学生实际，采取多种形式和家长交换意见，根据情况，有针对性地进行家访。要经常性地了解学生的学习和生活情况，和家长交换意见时要摒弃陈旧观念，要多讲孩子的闪光点，对孩子的点滴进步给予充分肯定，切实做好家校联系教育工作，让家长分享孩子成长的快乐。切实杜绝把家长会开成告状会的做法。家长到学校和老师交换意见，要热情接待，耐心解释。教师在任何情况下都不能和家长争执，要倾心听取家长陈述，耐心做好解释工作。家长无论用何种方式咨询问题，都要做好解答工作。

为加强学校、教师和家长之间的联系，切实做好家校沟通工作，家校携手，共同创设有利于学生学习的环境。

（五）要进一步发挥榜样的激励效能

榜样的力量是无穷的。学校要发挥身边的榜样作用，充分发挥他们的示范和导向作用。坚持以先进典型的思想和情操影响和带动全体教职工，激励全体教师把积极性、创造性充分发挥出来。要充分利用各种机会，总结经验，推广典型，表扬先进，指出不足，提出改进措施，全面推动教师职业道德建设。

(六) 抓好学生的思想教育

我校明确分工，细化责任，为使师德师风整改工作做得扎实有效，必须做到有始有终，努力做好师德师风整改阶段的各项工作，提升学生的思想道德素养，为教师的自主发展打下坚实的基础。

三自教育

附：北固中学团委庆祝建党 100 周年"七个一计划"系列活动方案★

遂宁市北固初级中学校
庆祝建党 100 周年"七个一计划"系列活动方案

★

从 1921 到 2021，中国共产党走过百年历程"中国共产党立志于中华民族千秋伟业，百年恰是风华正茂！"2021 年，在中国共产党百年华诞的重要时间节点，为引导青年学生树立远大志向，肩负历史重任，传承"五四"百年薪火，勇做时代追梦人。学校团委聚焦学思践悟四个维度，以"学起来""唱起来""讲起来""做起来"为主要方式，精心组织开展"百年梦·党旗红·青春志"庆祝建党 100 周年"七个一计划"系列学习教育活动，现制定方案如下：

一、指导思想

围绕"永远跟党走"主题，遵循"知—情—意—行"的育人规律，坚持线上与线下相结合、课内与课外相结合、主题教育与日常工作相结合，引导学生学史明理、学史增信、学史崇德、学史力行，弘扬红色传统、传承红色基因、担当复兴大任。

二、活动时间

2021 年 3 月—7 月

三、活动主题

百年梦·党旗红·青春志

四、活动内容

1. 红色记忆·组织一次团日活动

不忘初心热血涌，长向英雄借薪火。为深切缅怀革命烈士的不朽功绩，传承红色基因，开展以"缅怀革命先烈守初心 传承红色基因担使命"为主题的清明节祭扫团日活动！

活动时间：3 月

2. 红色筑梦·讲述一个故事

为庆祝中国共产党成立 100 周年，引导中小学生学党史，感党恩，听党话，跟党走，培养社会主义核心价值观。举行"党史我来讲 红色照我心"学生演讲比赛。

活动时间：4 月

3. 红色使命·开展一轮学习

青春建功"十四五"，矢志报国守初心。各班召开"学党史，知党情，跟党走"青少年"四史"学习教育主题班会。

活动时间：4 月

4. 红色礼赞·遥寄一段表白

举办"百年薪火传 唱响新时代"红歌合唱比赛活动，用歌声唱出对党的感激之情，唱出莘莘学子满腔的热情。

活动时间：4 月

5. 红色基因·举办一场仪式

在五四青年节来临之际，举办一场"传承红色基因 争做时代新人"离队入团仪式活动。

活动时间：4月

6. 红色经典·聆听一回宣讲

筑信仰，担使命，迎百年。利用周一朝会时间，由北中名师进行一次关于党史学习教育的国旗下讲话，引领学生与党和国家大政方针同频共振、同向同行，推动爱党兴国荣校相统一，知识价值行动相融合。

活动时间：5月

7. 红色印记·组织一次寻访

大力弘扬"奉献、友爱、互助、进步"的志愿服务精神，开展慰问退伍军人志愿服务活动。

活动时间：3—7月

五、活动要求

1. 精心组织，高度重视。围绕主题活动充分调动广大青年的积极性和创造性，展示我校学子的时代风貌，引导青年健康成长。

2. 加大宣传力度，营造氛围。充分发挥宣传阵地的作用，加大活动宣传力度，扩大活动的覆盖面。注重挖掘本次主题教育活动的特色、亮点和成果，树立典型，在全校形成青年承担社会责任的活动热潮。

3. 突出主题，务求实效。使活动贴近实际，符合青年人特点，使活动的针对性强、实效性强、可操作性强，通过活动切实增强团员的先进性意识和团组织的凝聚力。

北固初级中学校团委
2021年3月20日

"致敬退伍军人 传承红色基因"走进光荣院志愿服务活动

"践行雷锋精神 深化志愿服务"实践活动

"保护环境 绿化地球"植树节师生实践活动

"缅怀革命先烈守初心 传承红色基因担使命"清明祭英烈活动

三自教育

第三节　教师培养策略

经过我们的"三自教育"实践研究，我们探寻出符合我校实情的"一体五步"教师培养策略。"一体"即指教师学习共同体；"五步"即指教师培养的五种路径。

一、教师学习共同体

经过研究，我们得知，教师与教师之间，不是"竞争和甄别"的关系，而是"共存与共生"的关系。共同体，即重在共，共荣共辱，共进共退，共学共研。我们根据校情组建了10个学科学习共同体，把它当作学习、教研的基本组织。学习体与常规教研组不同的是，常规教研组重教重研，而学习共同体重"学习"，重"进步"。

附1：遂宁市北固初级中学校召开新学年教研工作会★
开启教研春天，期待精彩绽放
——遂宁市北固初级中学校召开新学年教研工作会

为了更好地落实教学工作计划，确保新学期教研活动的顺利展开，全力打造思想过硬、业务精良的教师队伍，全面提升教育教学质量，助推学校内涵发展，2月27日下午，北固中学新学期第一次教研工作会议在学校党支部会议室隆重召开。此次教研组工作会议为新学期的教研工作做了非常及时、必要的指导，使各教研组长进一步明确了新学期教研工作的重点。

会上，教科室叶素华主任总结了上学期教研工作在促进全校教学工作中起到的重要作用，并就本学期教研工作做了部署和安排。特别强调要借力"经开区教育内涵式发展"政府采购项目,携手上海方略门口教育培训有限公司,通过开展特色教科研活动,书香建设活动,强化教师队伍教育理论、学科研讨、集体备课等专业素质提升。教导处罗贤斌主任针对学校教研工作开展计划和教研工作的实际问题做了重要指导,提到了常规教研应与特色教研相结合,"两手抓两手都要硬"。

最后,分管副校长吕家红围绕教研活动的开展和教学质量的提高做了重要的分享,要求教研组长转变观念,抢抓机遇求发展;求真务实,总结提炼求创新;问题导向,常思己过求实效。希望教研组长要有责任感、有担当,要发挥核心作用,充分利用学科教研组及教研组长这个成长平台,抢抓"经开区教育深改项目落地北固中学"的大好机遇,努力提升自身专业素质;通过问题导向,养成反思习惯,努力提高自身研究能力;狠抓教研组常规管理,提高教研组教研活动的质量,促进教学质量的提高。

本次教研组长会议的召开,使大家明确了新学期教研工作的重点,理清了教研工作的思路,为推动本学期教研工作迈向更高的台阶,助力质量提升、内涵发展打下了坚实的基础。

二、五步教师培养法

教师队伍的建设在学校工作中的地位日趋重要,学校的进一步发展很大程度上取决于教师队伍的成长。在教师队伍建设上,结合实际情况我校探究出一条适合自身的教师队伍建设之路,即"五步教师培养法"。

(一) 抓教研,重学习

提高教师的专业素质,总体是通过开展教研活动、学习教育理论的途径进行的。所以五步教师培养法的第一步就是抓教研、重学习。

1. 日常教研

我们以学习体为单位,开展日常教研活动,包括集体备课,专题研讨、常规教研课、新教师见面课等。重教研,重课堂,夯实教师的基本功。

三自教育

集体备课 　　　　　　专题研讨

常规教研活动 　　　　新教师见面课

2. 理论学习

我们加强各共同体的学科理论学习，开展读书系列活动：读书分享会、主题研讨会、读书沙龙活动等。在教师群体中，营造读书氛围，加强理论学习。

在学习体教研工作开展后，我校教初中语文的郭老师感慨地说，以前未组建学习共同体、未开展集体教研活动时，教学都是自己摸索，无人交流切磋，更别说引领示范；参加区级赛课，也只能自己闭门造车，孤军奋战，感觉特别无助和无奈。教得对与不对，方法好与不好，都无从知晓，一切只能凭着感觉走。现在好了，有了自己的团队，大家互学互助，自己对课堂教学的认识更加清晰了，还能有一点学理层面的见解，真是没想到啊！

(二) 抓培训，重引领

我们在研究中发现，我们的教学工作需要常学常新，需要前沿理念引领。于是我们把学习体的培训学习，当作教师专业提升的一大法宝。我们珍视每一次上级部门组织的培训活动,总是认真宣传,精心组织,严格考勤。每期我校的师培覆盖率都是100%。有老师感言说:每一次培训,就是一次换血,一次洗礼,那种收获的快乐就像久旱的大地迎来甘霖。

附:北固中学新入职教师培训学习心得★
润物细无声,静待花开时

作为一名年轻的教师,非常感谢四川省教育厅给我这次线上学习的机会,这次培训选题科学,内容充实,形式新颖,每天认真听取各位名师的专题讲座,并认真做笔记,他们的精彩论述经常让我恍然大悟、茅塞顿开。

印象比较深的是王薇处长、何庆处长、荣雷处长都强调了新精神里面的六个下功夫:在坚定理念方面下功夫,在厚植爱国主义情怀方面下功夫,在加强品德修养方面下功夫,在增长见识知识方面下功夫,在培养奋斗精神方面下功夫,在增强综合素质方面下功夫,立志于培养出德智体美劳全面发展的社会主义建设者和接班人。我们教师在教育教学中要特别注重德育教育。立德树人,是教育的根本任务。抓好德育工作是立德树人的根本要求和体现,学生德育不是一句话,而是实践、是体验,我们要从细节入手,杨霖老师告诉了我们,生活是道德的内容,让学生在日常生活当中、在学校生活当中不断改变自己的行为。学高为师,身正为范,我们老师要给孩子们做榜样,学校德育弥漫在整个校园当中,不仅仅是班主任,不仅仅是道法课,通过每一个人传播着德育,就像我们科任教师,不仅可以在课程中完成对学生的德育教育,也可以在日常学习生活中对孩子们产生德育影响,比如在升国旗时站姿端正,尊重他人,守诚信,上下楼梯时靠右边走,节约粮食,节约用纸等,其实我们教师和学生之间的良好的关系、良好积极健康向上的学校氛围、干净整洁的教室,我们教师的教育方法都含有对学生的隐形德育,目标是培养学生的核心素养。本次培训最大的收获之一还有如何成为一名学生喜欢的"四有"好老师,"四有"分别是有理想信念,有道德情操,有扎实学识,有仁爱之心。李敏老师和李政涛老师都阐述了如何成为一名好教师,我总结一下两位老师的观点,就是要做到心态要端

三自教育

正,要有同理心,我们自己要目标明确,做好自己的规划,上出好课,最重要的一点是我们老师要平等公正地对待每个孩子。我也会朝着成为学生喜爱和家长认可的好老师的方向努力。余胜泉教授和胡小勇教授就人工智能与教师专业发展创新等做了相关讲座,我们知道了人工智能发展不会取代教师职业,但是我们教师要学会整合教育资源,我们要主动适应信息化、人工智能等新技术变革,积极有效地开展教育教学,让人工智能为我们的教育教学赋能。

通过这次培训,我感触很深,受益匪浅,翱翔在知识的海洋中,陶醉不已,流连忘返。我会在实践中反思自我,做一名学生喜爱和家长认可的好教师。衷心地感谢这次培训我们的专家、教授、名师,也希望类似的培训能延续下去。

(三)抓赛事,重提升

我们知道,教学竞赛对教师专业成长来说,非常重要。每一次教学赛事,就是一次教学能力的磨砺。于是我们以赛事为契机,充分发挥学习体的合力和智慧,争取每次比赛都尽最大力,将赛事的作用发挥到最大。目前我校的市区级名师4位,都是通过赛课活动脱颖而出。例如我校的青年教师曾卓老师,在2021年省、市、区的教学竞赛中一步一步成长,获得第六届四川省中小学青年教师教学竞赛课例中学语文组一等奖。所以教学赛事,是他们快速成长、快速腾飞的助力器。

(四)抓队伍,重示范

在研究中,我们实施名师工程,建立了一系列的名师选拔和考核制度,组建了学校名师队伍,以充分发挥名师的引领、示范作用,最终在我校形成以了"名师为荣""学名师、赶名师、当名师"的竞争氛围,推动了教师水平的整体提升。我校目前市区级名师4名,校级名师10名,教学能手5名,均是学校各学科的佼佼者,在区内各兄弟学校中也有知名度。

附：北固中学举行首届"北中名师"命名仪式★
名师领航深耕教育沃土
——北固中学举行首届"北中名师"命名仪式

秋光冉冉休辜负，数树深红出浅黄。11月6日，遂宁经开区北固初级中学隆重举行了首届"北中名师"的命名仪式。共有15名教师分别被授予"北中名师""教学能手"荣誉称号。学校全体教职工正装出席，仪式由教科室主任叶素华主持。

北固中学第一届北中名师合影留念

三尺讲台酬壮志，一颗丹心照九天。仪式第一个环节，许芝兰老师配乐原创诗朗诵《我骄傲，我是一名教师》，将全体北中教师扎根教育，矢志躬耕的不悔壮志表达得荡气回肠，热情隽永，让现场所有教师振奋、动容，也更坚定了他们执着追求、扎根有为教育的决心。

姹紫嫣红芳菲尽，抱得秋实始得归。仪式第二个环节，学校党支部书记、校长蒋厚文同志郑重宣布学校关于命名龙俊、杨红等10位老师为第一届"北中名师"的决定；学校分管教学副校长郑建平同志宣读了关于命名李丹、王丽等5位老师为第一届"教学能手"的决定。在激越的乐音中，学校领导将一本本烫金的证书颁发到获奖教师手中，现场响起了热烈的掌声。

三自教育

潮平风正天地阔，满帆奋进正当时。仪式最后，学校党支部书记、校长蒋厚文同志发表讲话，他勉励名师和教学能手们能戒骄戒躁，把今天作为新的起点，不断学习钻研，将自己的能力变得更强，能量变得更大，辐射、带动身边教师，将个人发展融入到学校发展中，志立有为教育，彰显人生价值。

据悉，本次名师选评活动，从期初开始，历时近两个月。按照学校制定的名师评选方案，经过教师自愿申报、课堂展评、业绩考核、荣誉计分等程序，最终由评审小组考核评定。尤值一提的是，近二十堂展评课，课课精彩，亮点频出。课堂上老师们善导妙引，收放自如，他们用慧心独具的课堂设计，表达出对教学的理解和教育的热爱，更诠释着有为教育沃土上执着躬耕的精彩。

教育有梦想，前行有力量。名师选拔活动虽落下帷幕，但名师培养还在继续。砥砺奋进的北中人，定当不忘初心，载梦远航！

（五）抓项目，重改善

在"三自"教育实践研究中，我们充分利用学校的政府采购项目，狠抓教师培训。每年我们派50名教师远赴江浙名校跟岗学习，近距离感受先进的教育教学理念和管理方法，切实提高我校教师的教学水平和业务能力。

我校教小学语文的刘老师，年近不惑，在应试教育中，他业绩突出，是把好手。经过多次外出学习，张老师的自我评价是：人，必须学习。不走出去看看，以为自己就是天下；走出去后，才知道天地的广阔，自己的浅陋。一些自以为是的做法，其实错得离谱。

教小学数学的张老师，一直以来工作态度较为散漫，凡事只尽五分力，自从被派出到江苏南通访学一周后，回来就像变了一个人似的。他说："此次学习，最大的收获就是学到了敬业。认真工作的教师，真的很有魅力。"

附：北固中学骨干教师赴江苏南通培训报道 ★
以学愈愚循道崇真
——北固中学骨干教师赴江苏南通访学记

访学留念

遂宁经济开发区北固初级中学校作为遂宁经开区教育内涵式发展项目基地学校，为了开阔老师的视野，提高教师专业素养，培养创新精神，2019年4月5日至13日，经开区社事局主任熊辉率北固中学分管教学副校长吕家红、分管德育副校长张玉蓉、各学科教研组长、学段组长及经开区联合教研组组长一行24人组成的访学团赴江苏省南通市通州区开展了为期一周的访问学习。

参观校园

全国教育看江苏，江苏教育看南通。南通的教育堪称全国教育的标杆。访学团先后深入南通市通州实验小学、南通市经开区实验小学、通州区金郊中学、通州区育才中学、兴东小学五所学校观摩学习。每走一所学校，都给人以震撼——学校文化底蕴深厚，

三自教育

办学特色明显，具有独特的办学体系，让老师们大开眼界，收获满满。

访学期间，老师们求知若渴，通过参观学校、深入课堂听课、互动交流评议课，听取各校校长解读办学理念、文化体系构建、课堂教学创新、课程开发与实施专题报告，对南通市各义务教育阶段学校进行了深入的了解和学习，深刻领略了通州区实验小学"以学愈愚，美与课程共生长"；通州经济开发区实验小学"循道崇真，课堂以儿童为本"；通州区金郊中学"砥砺前行，办学以优质导向"；通州区育才中学"正德厚学，办人民满意的学校、做学生喜欢的老师"；通州区兴东小学"循道自然，做健康绿色教育"等先进教育理念。

他山之石，可以攻玉。在学习研讨交流活动中，北固中学副校长吕家红谈到此次观摩学习带回的宝贵经验，特别是南通市先进的教育理念、厚重的文化底蕴和独特的教育情怀，专家型、系统性和高规格的校长教师队伍建设，大胆、务实、高效的课程和管理机制改革对我校及全区教育发展是一次很好的借鉴和启迪，也将以此次观摩学习为契机，向江苏省南通市教育学习，创新机制，与时俱进，提升教师专业素养，全面助推了学校"内涵发展"的步伐。社事局熊辉主任特别强调，临渊羡鱼不如"归来结网"。他要求大家要对照先进反观自身，解放思想，增强信念，理清思路，提升自身专业素养，为经开区教育发展增添靓丽色彩。

据了解，遂宁经开区教育内涵式发展项目是社会事业局按政府采购程序，公开招标，由上海方略门口教育培训有限公司组织专家团队，通过构建学校特色文化系统，以文化体系为核心构建学校特色课程体系，逐步形成学校的特色发展之路，将北固中学打造为区域内的特色基地学校，辐射引领开发区其他中小学校优质发展。

第六章

自主教育成果应用及推广

我校的自主教育成果（学生"品行自治、学习自主、生活自理"的校本实施路径策略），目前在我校的德育管理、课堂教学、教师专业发展中广泛应用，并被市内外兄弟学校学习借鉴，推广使用。

> 三自教育

第一节　成果应用及效果

一、学生方面

（一）学生的道德素养和管理能力明显提升

学生通过参与自主管理工作实践，责任感更强了，自信心更足了，言行表现更文明了，道德水平更高了，个人的能力水平也得到了很好的发展。仅从2017年9月到2021年1月，我校每年有近50名学生获得市区"优秀干部""优秀学生""时代好少年""德育标兵"等荣誉称号；在市区组织的各种德育展示活动、德育竞赛活动、志愿者活动中，我校学生高度自治的文明表现深得活动组织者和参与者的一致好评。我校学生公交车站自发排队、文明候车的景象已成了社会一道靓丽风景，多次被区县教育主管部门点名表扬，并被当地电视台录播。我校学生的总体好评度、受欢迎度已居于区内学校排名前列。

（二）学生的学业成绩和学习水平明显提高

主体性学习课堂推行后，学生学习兴趣明显增强了，课堂学习效率也提高了，自主学习能力增强了，学业成绩也提升了。据2017年4月和2020年5月的"三、四年级学生数学作业完成情况"随机抽样调查的数据对比，我们发现：学生课堂作业完成率由75%上升到98%，完成优秀率由42%上升到81%；家庭作业完成率由61%上升到93%，完成优秀率由34%上升到75%。三年的实践效果明显，学生的学业成绩有了很大的提升。

近三年来，我校学生在全区学业质量检测中，总体排位连续三年名列前茅；据不完全统计，在近三年市区组织的知识竞赛、作文比赛、诵读比赛、书法比赛等活动中，我校约有840名同学获奖；近三年来，我校初中升学率年年攀升，中考成绩位于全区前列，社会美誉度极高。

（三）学生的劳动意识和生活自理能力明显增强

据2017年4月和2020年5月的"学生生活自理能力"抽样调查的数据对比，在家长接送途中帮背书包现象，低段学生由86.7%降低到10%，中段学生由38.5%降低到5%，高段学生由12.3%降低到0%。家长对劳动教育的重视率也由34%上升为91%。由数据对比可知，三年来我校学生生活自理能力明显提高，家长的劳动教育意识也得到明显的增强。

二、教师方面

（一）造就了一大批创新型管理干部

近三年时间，我校已经培养出6名校级干部，7名中层管理干部。多名管理干部先后获得市区"先进教育工作者""教育先进个人""教学示范岗""党员示范岗"等荣誉称号。

（二）造就了一支高水平的教师队伍

近三年来，我校有6名教师被评为市区名教师、名班主任；教师近30余篇文章在各级各类刊物上发表，50余篇参赛论文获得各级奖项；近三年来，1名教师获得省级赛课一等奖，1名教师获得市级赛课特等奖，15名教师获得市级优质课大赛奖励，近40余名教师在课堂教学大比武中获市级奖励；近三年中，有15名教师获得市级先进表彰，20名教师获得区级先进表彰；我校有5名教师担任区县学科联教组成员，6名教师为市名师名班主任工作室成员。

三、学校方面

近三年来,学校连续获得县区"教学优胜单位""教学质量一等奖"等荣誉称号,并获得政府采购项目基地学校殊荣。目前学校已成功创建"遂宁市文明校园""阳光体育示范校"。学校的社会美誉度、好评度年年攀升。目前,学校已成为老百姓心中真正的好学校。

第二节 成果的影响

通过课题的研究,树立了我校教师创新发展的教育理念,转变了学习方式,确立了学生"主体性"学习地位,创建了"自主、合作、探究"和谐的教学氛围,优化了课堂教学结构,提高了课堂教学效率,发展了学生思维,提高了学生的创新能力,增强了教师的科研素养,探究出自主教育校本化实施的五大着力点和三大规律,建构出"1241"学生自主管理模式、"四性四环"自主学习性课堂和学校劳动教育课程体系,切实培养了学生的自我管理、自主学习和生活自理能力,实现了学生的自我教育和自主发展。

通过对已结课题所取得成果的推广应用,让课题成果在全校范围内共享,教师相互学习并运用科研成果,从而实现全校教师业务素质共同提高,深入推进新课程改革,培养学生的创新能力,实现大面积提高教育教学质量。

目前本成果正在市区内兄弟学校积极推广:2018年9月,区内玉龙中学开展自主教育研究,借鉴我校学生自主管理模式和经验;2019年4月,学校"四性四环"课堂在"遂宁市素质教育共同体"研讨交流会上推广;2020年10月,与上宁县上宁学校结对帮扶,推广自主教育成果。

三自教育

第三节 成果的创新点

创新提出自主教育校本实施从"品行自治、学习自主、生活自理"三个维度整体推进的框架和主张。这种主张是建立在主体论、生本论的基础上，从教育是培养全面发展的人的角度，关注学生自主发展能力的全面提升，探寻出自主教育的三条实施路径，为自主教育的校本实施提供了可能。

创新提炼出"品行自治、学习自主、生活自理"三位一体自主教育校本实施的六大着力点和四大规律。自主教育六大着力点和四大规律，从自主教育校本实施的抓手和实践的规律两个层面，为成果的推广运用提供了切实可行的保障，既具科学性，也有实用性。

创新探究出"1241"学生自主管理模式。该模式自主构建三位一体的学生自主管理组织——学生自主会，探究出符合学情、校情的两个管理目标体系，并创造性地建构了自主管理的四个运行机制，切实保证了学生自主管理能力的有效提升。

创新提出了"四性四环"主体性学习课堂模式。该模式秉持"以生为本"的理念，直指学生发展的核心素养，通过课堂四性的建构和四环的设置，充分保障了学生在课堂上的主体地位，让学习由学生发生，而不是发生在学生身上，充分体现了新课改理念。

创新建构出学校"3+1"劳动课程体系。该课程体系具有科学性、针对性和实用性，体系实现了家庭、学校、社区三位一体的全域育人，打造了一种大劳动观，为学生的终身发展打下坚实的基础。

本成果的研究，给自主教育的校本实施提供了很好的范例，丰富了自主教育本土化研究成果内容，为自主教育的进一步研究提供了资料和样本。

第七章

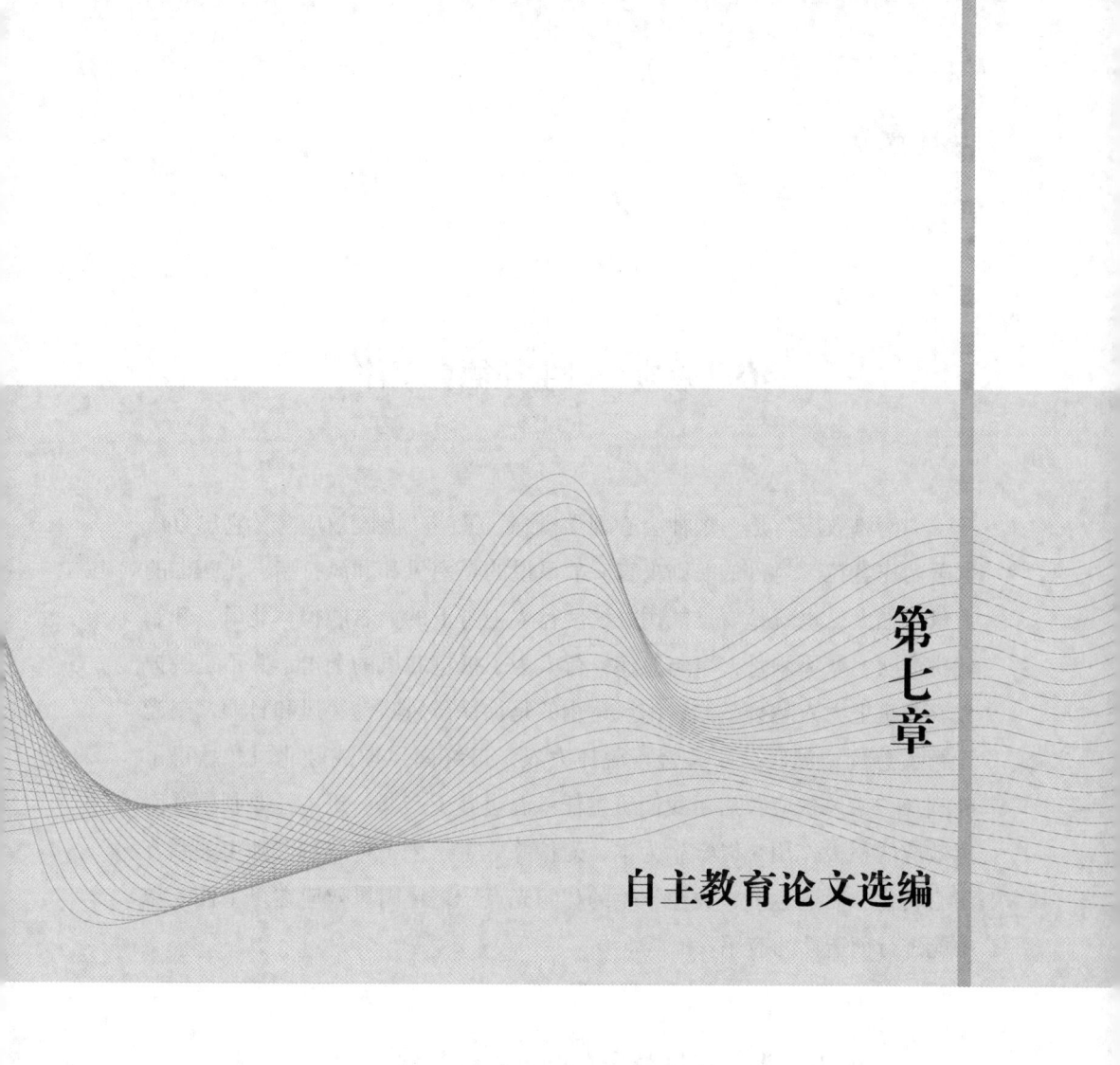

自主教育论文选编

三自教育

心理效应与班主任德育工作

"南风效应"是一个社会心理学概念，又叫"温暖效应"，它出自法国著名作者拉·封丹的一则寓言。故事说的是南风和北风打赌，比赛谁的力量更强大，也就是看谁能用办法使行人把身上的大衣脱掉。北风一开始就拼命吹，寒风刺骨，事与愿违，行人为了抵抗北风的袭击，并不是脱掉大衣而是把大衣越裹越紧；南风运用的是徐徐微风吹动，风和日丽，阳光让行人感到很温暖，于是慢慢脱掉大衣，最终南风取战胜北风，赢得了胜利。"南风效应"启示我们班主任：温暖胜于严寒。班主任要利用好南风效应的积极作用，以学生为本，爱护并尊重学生，构建和谐师生关系，耐心转化"后进生"，关注学生的"闪光点"，让南风效应在班主任工作中能进行创造性的应用。

一、爱生，为"南风效应"奠定心理基础

古人云：亲其师，信其道。班主任是一个班集体的灵魂人物，班主任的一举一动往往影响着每一位学生。要构建和谐的师生关系首先要爱生，只有爱自己的学生才能得到学生的喜爱。心理学研究表明，每一个孩子都有对爱的渴望、爱的需求。若是一名孩子在学校能获得班主任的爱，得到了赞扬，就会变得积极起来，更加热爱学习，热爱生活。例如本班一位从乡下转来的插班生，这个女生刚从乡下转来时非常自卑，总喜欢一个人坐在角落里闷闷不乐。当时，我注意到这种情况后，班级里面有什么活动就特意安排她参加，增加她与其他学生交往的机会。另外，课堂上，只要她大声朗读课文就对她投去赞许的目光；课下，经常对她嘘寒问暖，关心她

是否适应新学校的生活。久而久之,我们之间建立了信任的师生关系,她也渐渐改变了她自卑的性格,人也变得开朗起来,脸上的笑容也多了。所以我认为班主任热爱学生不能仅爱班里成绩好的学生,更应该把爱洒向每一个学生的心田,像春雨一般润物细无声,这样,师生关系就会变得越来越融洽,"南风效应"的作用就会越来越好。

二、运用南风效应,耐心转化后进生

在班级日常管理中,通常都会把学生分为优等生、中等生和后进生,我们不能给孩子贴上固定的标签,后进生不可能永远落后。此时班主任就应该注意运用南风效应,心平气和、耐心地转化后进生。我班原有一位学生,非常调皮,平时上课不认真,成绩非常差,还经常和同学吵架,捉弄女生,同学们都不喜欢他,他经常因为犯错进办公室,进办公室的次数可以排全班第一,然而老师对他的教育丝毫不起作用。他因阑尾炎住进医院后,班里的学生都不愿意去看他。感人心者莫乎先情,此时正是让他感受班级温暖的时刻,我让班级的美术课代表亲手制作了一张贺卡,每位同学在上面写上句祝福的话,并且让班长组织了几名同学到医院去看望他。这个平时淘气的"小鬼"感动极了。班级的学习委员主动承担了为他补课的重任。出院一周后,他就迫不及待地想要来学校,我又让一位顺路的同学每天搀扶他上放学。从此以后,他渐渐要听我的话了,学习成绩也有了一点进步。后进生并不会永远落后,他们在品德或者学习方面只是暂时落后其他学生,班主任要转化后进生,并不是一朝一夕的事情,不过只要有足够的耐心,在适当的教育时机运用南风效应,一点一点引导他们,帮助他们认识世界,允许他们在转变过程中的反复,直至破茧成蝶。

三、运用南风效应,关注学生的闪光点

每个孩子身上都有闪光点,像一束阳光,明媚灿烂,照亮了我的心灵,

三自教育

温暖了我的世界。作为一名中学班主任，要抓住适当的教育时机，运用南风效应，关注学生的闪光点。比如：自愿擦黑板、随手捡起地上的垃圾、写得一手好字、打篮球很棒、画画有天赋等等，这些亮点，往往就是转变一个学生的教育良机，此时吹入"南风"，就能达到事半功倍的教育效果。我班学生李某也经常违反班规校纪，每次教育他时，认错比谁都快，典型的当面一套，背后一套。家长更是管不住他，爸爸在外地打工，妈妈被他气哭无数次。经过观察，我发现他非常喜欢踢足球，于是推荐他进入学校校队。经过老师的训练，他的球技有了很大的进步，他和他的队友在去年的区足球联赛中还拿了冠军。我在班上也经常表扬他，成功的喜悦、老师的鼓励、同学们的赞扬，使他感受到了自身的价值。后来他的学习也有了进步。简而言之，班主任应当用心观察，正视他们的缺点，但绝不能忽略他们的优点，运用南风效应，关注学生的闪光点，并且及时对学生的闪光点给予肯定和鼓励。

班主任的工作任重而道远，从事班主任工作这么多年来，我始终坚持平等地对待每一个学生，对他们充满爱心、耐心、信心的同时，南风效应的应用让我的班级管理工作越来越得心应手。"路漫漫其修远兮"，在未来的班主任工作中，我将在心理效应法运用这条道路上不断地探索。

采一体两翼模式促有为教育建设
——义务教育学校特色发展案例分析

学校特色发展是推进素质教育的历史必然进程，是适应教育改革和培养新型人才的需要！让我们把目光聚焦在我们遂宁本土，我们遂宁学校特色发展现状如何呢？经过学校问卷调查，我们知道：遂宁市各学校特色发展水平不一，有的学校处于特色发展构思阶段，有的处于选择突破阶段，有的学校处于成就特色阶段，有的学校特色发展已经成为学校的品牌教育。在特色发展进程中，还存在着一些问题：比如特色简单化，特色低档化，特色结构碎片化，特色形式化等问题。而我校通过学习协同体各学校特色创建的先进经验，提炼方法策略，努力探索出一条独特的学校特色发展路径。就目前而言，北固中学的学校特色建设，还在探索、成长的路上，我们本着遂宁协同体"同创同研，共建共享"的原则，助力本校的特色发展。

北固中学自从2017年搬迁至新学校，便展示出迅猛的发展势头。与此同时，2018年，新一届领导班子提出"有为教育"理念，并着手推进学校特色发展。北固中学秉承"刚健有为，自强不息"的校训，采用"一体两翼"的发展模式，"体"即学校教育教学质量，"两翼"即阅读与体育特色发展，通过特色创建品牌，助推学校内涵发展。

一、有为课堂，提升教学品质

伴随着"有为教育"理念的提出，学校领导着手推进校本教研改革，打造具有北固特色的"有为课堂"。2019年，经开区教育内涵式发展政府

三自教育

采购项目落户北固，政府斥近 300 万巨资，携手上海方略教育集团对我校进行全面提升打造。学校借方略教育东风，抓住机遇，以教师培训为抓手，以课堂改革为核心，促进校本改革与落实。上海方略学科专家每学期两次入校上课指导，进行理论培训；我校骨干教师每学期一次赴上海名校跟岗研修，以进课堂现场学习的方式，开始了有为课堂的研究和推进。什么叫有为呢？立足当下，着眼未来，勇于创新，敢于担当，这是有为教育的核心内涵。我们的有为教育要培养全面发展的社会主义事业接班人，培养在未来时代具有核心竞争力的现代人。那么，有为课堂又是怎样的一种课堂呈现呢？我们力争体现四个特点：一是目标环节简约化；二是教学过程活动化；三是学习自主合作探究性；四是课堂思辨性，简称"两化两性"。

二、书香润校，阅读传承经典

让阅读成为习惯，进一步打造"书香校园"，营造浓厚的读书氛围，让阅读铸造有为品质，让阅读奠基有为人生，充分彰显"有为教育"理念下我校办学特色。

（一）学校启动学校教师读书工程，为教师推荐优秀书籍，要求教师在每周的教研活动中阅读，并且摘抄读书笔记。每学期期末上交一篇读书心得或读书感悟，并评选全校"最美读者"教师。相信读书多的教师，其视野必然开阔，其精神必然充实，其志向必然高远，其追求必然执着。

（二）开展学生读书活动。每个班级建设图书角，学校为班级配备图书不少于 100 本。并且开放图书室，提供三万多册图书供学生阅读。每天上午第一节课前 5 分钟为全校的诵读时间，由各年级备课组长规定诵读内容，比如笠翁对韵、三字经、千字文、弟子规、古诗词、文言文等，根据学生年龄特点安排诵读内容，推荐阅读书目。

（三）学校将"经典诵读"融入学生生活，纳入学校课程。每周的星期一下午最后一节课为诵读课，通过自由诵读、小组合作诵读、讲故事、演讲等形式开展读书活动，以加强对学生的诵读指导。

（四）一周一班经典诵读成果展示。在每周星期一早上升旗仪式结束后，由展示班级进行经典诵读才艺展示，朗读、唱读、歌舞、课本剧等等，形式多种多样，应有尽有。

（五）学校每年五月举办读书节。读书节分年级段进行，学校提供活动初步方案，设计各种活动形式，在老师指导下创造性地开展活动。例如我校第一届读书节一、二年级的"讲故事比赛"，3—5年级的"跳蚤书市"活动，6—9年级的"经典诵读比赛"，与此同时，还举办全校的以"书香校园"为主题的手抄报评选活动。

学生在这一系列活动中爱书，爱读书，读好书，让书籍丰盈孩子们的精神世界，给予孩子健康成长的精神营养。

三、体育活动，塑造高雅品位

体育活动是学生获得体育素养的基本途径，也是学生获得智慧提升的必由之路。我校以体育艺术为特色，力图把学生培养成为"体质健康、身心阳光"的孩子，我校为了保障学生的运动量，每天下午开设了各项艺术体育锻炼活动，如三大球、棒球、羽毛球、武术花式跳绳等。

现目前我们还没有很有优势的体育项目，所以我们把体育定为我们的特色发展方向。加上我校有师资的优势资源，在不断推行特色项目的过程中，积极开发普及体育教育，全面提升学生体育素养，塑造学生高雅品位，逐渐走出一条适合我校发展的特色之路，为学校发展带来生机。

总之，要形成学校的办学特色，要从实际出发，对学校的发展做全面的设计，北固中学在学校特色发展的道路上，不会因畏惧虚无的未知而停下探索的步伐。因为我们知道，只有坚持以人为本，因材施教，把自己塑造得更强大，才能给孩子们拓展出一片更加蔚蓝的天空……

三自教育

探究信息技术与语文自主课堂教学的高效整合

【内容摘要】当前,随着多媒体技术为核心的现代信息技术在社会各个领域普遍运用,人类已经迈入了信息化时代。本文主要介绍了利用信息技术与课堂教学进行整合,开发信息技术资源,优化课堂教学的方法,以期实现学生的自主学习。

【关键词】信息技术;课堂教学;有效整合

一、信息技术与导入课题

新课的教授过程中,导入环节里如果老师只是呆板地、平铺直叙地讲授,根本不能激发学生的学习乐趣。因此,利用信息技术导入课题能调动学生学习的积极性。例如,在教授《苏州园林》这一课时,您可以使用多媒体教学课件,以轻柔的古典音乐呈现苏州园林的真实场景图导入课题,让学生沉浸其中,提出问题:这样美的园林何时何地怎样修建?园林构造有何特色?当学生看到这么美的园林图,学习兴趣就会被充分调动起来,他们会对这篇文章感到好奇,然后老师再开始这堂课的教学。再例如教授宗璞的《紫藤萝瀑布》一文的教学,可以利用幻灯片出示藤萝花的图片,并配上优美轻柔的音乐,学生在这样优美的气氛中欣赏深深浅浅的藤萝花,这不仅仅是一种美的享受,而且还能很好地调动学生学习文本的积极性和主动性。

二、信息技术与背景介绍

学习文本的过程中，了解和分析文章时代背景对课文学习起着至关重要的作用。但是，学生通常不喜欢老师枯燥无味的语言和平铺直叙的背景介绍。即使是老师详细的解释，学生也听不懂，学生不能深入地理解和体验，而此时信息技术可以使您的语文课堂教学再上一个新台阶。例如学习《智取生辰纲》一文，讲授过程中，老师利用多媒体播放《水浒传》精彩片段，充分吸引学生的注意力，向学生详细地介绍当时封建社会统治者的腐败无能，学生直观地看到视频，理解起来就更快，也更能体会到当时背景下人民生活在水深火热之中，官场黑暗，朝廷官员趋炎附势，阿谀奉承，学生就能明白当时的社会背景，理解为什么108条好汉会被逼上梁山，也能体会到梁山好汉的侠肝义胆。

三、信息技术与创设课堂情境

"作者胸有境，入境始与亲。"想让现代教育技术与创设课堂情景完美结合，可以在教学过程中使用幻灯片播放图片、设置文章配乐、文字语言的刻画、动画或电影片段的展示等教学设计，调动学生学习的趣味性和积极性，使他们潜移默化地进入文本所设置的场景，从而与作者的想法和感受产生共鸣。例如郦道元的《三峡》，这是一篇关于景物描写的文章。教师在教授这篇课文时，根据文本所描绘的三峡景物特点，首先运用多媒体课件出示关于三峡地形的幻灯片，让学生了解长江三峡的地理位置及地形特点，然后，播放一组组幻灯片和漫画，让学生领略长江三峡的自然风光。文本中生动的语言，PPT上面五彩斑斓的图片，给学生呈现出三峡神奇而独特的自然风光：夏水汹涌澎湃，一泻千里；春冬水清树荣山峻草盛；秋天悲凉凄清……一幅幅图片使学生能够通过感官直接感受到三峡优美的风景，PPT最后再出示两张图片，介绍如今中国人民建设三峡的幸福生活，因此，现代教育技术的使用，不仅使学生欣赏到了三峡美丽的风景，也刺激了学生的学习的"味蕾"，品尝到了学习带来的甜蜜，同时也培养了学生热爱祖国大好河山的情感价值观。

四、信息技术与思想品德教育

《礼记·大学》中提到"修身齐家治国平天下",也就是说一个人的品德是最重要的,而品德修养也不是一蹴而就的,语文课堂教学时大多数老师都会对学生进行思想教育,而信息技术的运用能更好地对学生进行思想品德教育。例如教授《猫》这一篇课文时,老师把制作的人与动物和谐相处的画面投影到屏幕上,同学们聚精会神,被PPT上画面营造的氛围深深感动,这时,老师可以让学生来讲述自己与小动物的相处过程,培养学生热爱动物和保护动物的情感价值观。

综上所述,现代信息教育技术在语文课堂教学中起着至关重要的作用,老师们如果能很好地利用多媒体教学,通过现代信息技术营造良好的课堂氛围,将大大地增强语文课堂教学的效率,使语文课堂教学焕发绚丽的色彩,呈现出伟大的艺术魅力。

【参考文献】:
[1] 曾祥芹. 《新概念阅读教学》《中学语文教学参考》,2001年1-2期.
[2] 李颖伟. 整合视野下信息技术与语文教学深度融合的实践探索[J]. 学周刊,2017.

浅析李清照的词风

【摘要】李清照的词或抒写爱情生活的真情实感，或抒写夫妻别离刻骨铭心的相思之苦，或写国破家亡、悲欢离合，忧国忧民之情。本文通过列举李清照词作中各类较有代表性的词进行分析，一方面，说明李清照的词作，不管是哪一类，都是词人内心情感的"真"的自然流露；另一方面，说明李清照的词作，既炼字炼句、炼意炼格，又"以浅俗之语，发清新之思"，即艺术风格的"婉"。李清照的高明之处就在于她能使内心情感的"真"和艺术风格的"婉"达到完美的统一，即内心情感的"真"使作者倾注于采用深婉含蓄的笔法加以表达，而深婉含蓄的笔法则使真挚恳切的情感更具感染力。也就是说李清照的词是"情真意切，深婉含蓄"的统一。

【关键词】情真意切；深婉含蓄；易安体

一、以词为乐

李清照，号易安居士，是南宋著名女词人。她的词，由于历史的原因，散佚的很多，流传至今的约四五十首。虽然数量不多，但思想性、艺术性都很高。明代杨慎说她："宋人中填词，李易安亦称冠绝。使在衣冠。当与秦七（观）、黄九（庭坚）争雄，不独雄于闺也。"清代李调元说："易安词无一首不工，其炼处可夺梦窗（吴文英）之席，其丽处直参片玉（周邦彦）之班。盖不徒俯视巾帼，直欲压倒须眉。"李清照是标准的婉约词人，她善于把自己真切的情感。借助词这一文学形式，表达得婉转柔美，蕴藉含蓄，这也就成了李清照词的主要特色。

三自教育

二、情真意切

优秀的文学作品往往是作者对社会对人生进行深层思考后的最本质的反映，是作者真情实感的具体表现。李清照的词之所以深深地打动人们的内心，令世人吟诵不衰，其原因就在于：一方面，她真实地描写了在动荡不定的社会背景下，自己坎坷不平的生活道路；另一方面，也毫不掩饰地倾诉了自己由此而触发的万千感慨，美好而纯真的少女情怀以及幽怨深挚的闺情相思，显得真挚而恳切。靖康之变后，那颠沛流离、孤苦伶仃的苦难生活，字字句句，都是从作者心底涌出的歌，是作者真性情的自然流露。

一个女词人，处于封建礼教森严、政治环境险恶的年代，这种抒写的勇气和胆识是不同凡响的。首先，在李清照的爱情词中，她敢于冲破封建伦理道德的束缚。坦率地表达对爱情生活的真实感受。展现人性最本真、最美好的一面如《蝶恋花·离情》：

暖雨晴风初破冻。柳眼梅腮，已觉春心动。酒意诗情谁与共？泪融残粉花钿重。

乍试夹衫金缕缝。山枕斜欹，枕损钗头凤。独抱浓愁无好梦，夜阑犹剪灯花弄。

词中，李清照真挚大胆地写出了与心爱的丈夫离别后，无法排遣的刻骨相思的痛苦之情。你看，寒冬已去。又逢暖雨晴风的大好时光，放眼望去，梅红柳绿，满眼皆春意。本来正可以尽情地饮酒作赋，然而亲人不在身边，这一切反而惹得词人不住地伤心哭泣，以至"泪融残粉"。也曾试着穿戴起华贵的衣饰，但还是无法振作起低落的情绪。在漫漫长夜里，抱浓愁，剪孤灯，好梦难寻。

李清照的爱情词，随着其生活的变化，表现得或热烈，或缠绵，或凄婉，或抑郁，但无论如何，都是她自我心灵的直接倾吐。尤其是她悼念亡夫的词，在宋代词坛上，可说是绝无仅有的，是文学史上的宝贵财富，如今读来，推想当年词人情怀，更是催人泪下。如《浪淘沙》：

帘外五更风，吹梦无踪。画楼重上与谁同？记得玉钗斜拨火，宝篆成空。

回首紫金峰，两润烟浓。一江春浪醉醒中。留得罗襟前日泪，弹与征鸿。

词的上片作者借物抒情。嗟叹自己命运多舛，往日美满幸福的生活骤遭变故，如梦一般了无踪影。词的下片进一步表达作者惆怅迷惘、悲痛欲绝的心情。其中"一江春浪醉醒中"这句，形象地写出了自己飘萍浪迹，希望摆脱现实却无法摆脱的惨状。"留得"两句，又可见这惨状使作者的泪水从未干过。而在极其痛苦中，只得把泪水寄予远在天边的"征鸿"，寻求安慰。"征鸿"即是亡夫赵明诚啊！恩爱夫妻，一朝永别。从此阴阳两隔，永难相见，那会是怎样的痛苦？！

真情是词之骨，词之言情，贵在其真。《武陵春》《声声慢》《永遇乐》《孤雁儿》等篇，声声呜咽，字字血泪，一派凄楚，动魄惊心，这"载不动"的"许多愁"，止不住的"千行泪"，"凄凄惨惨"的情怀。无处倾诉的"万千心事"，全是发自肺腑的心声。没有半点的雕琢与矫饰。这些融合着家国之变、时代沧桑的悲慨之曲，来自情挚意浓的词人，植根于真实生活感受，是李清照坎坷生涯、悲剧人生，以及其所处的灾难时代的真实映现。

三、深婉含蓄

观李清照词作。往往"言近而旨远，词浅而意深"，既炼字炼句，富于含蓄的语言风格，又常以口语入词，化俗为雅，有着自至高远幽深的境界。这一点。应是"直欲压倒须眉"之所在了。她的词不但能炼字炼句，而且能炼意炼格，词恰能传情，情恰与词合，内容与形式达到完美统一的境界。

如《武陵春》中"风住尘香花已尽"一句即是如此。其中"住"字，隐含着此前风雪肆虐多时，好不容易才"收住""止住"之意，由此亦可推想到作者这时内心也应随之稍稍放松起来。一"香"一"尽"，则来一个先扬后抑。尘土散发着阵阵香气，沁人心脾，推门一看。原来枝头上绽放的繁花已经落尽，难以挽留。短短几个字，作者一连铺排出三种事物的变化：风住、尘香、花尽。这些事物的变化，在读者看来，一切本在情理之中，但细加品味。一切又令人觉得无可奈何。世事多变，岂能由人，

三自教育

美好的事物转眼变成云烟！万千感慨，皆寓其中，由此可见一斑。

以寻常语入词，是易安词的一大特点。她善于把一些家常语熔炼于词中，不着痕迹，运用通俗的语言铺成极其工巧细腻的画面，婉约深细而又意境高远。

如在《永遇乐》中，她写道："中州盛日，闺门多暇，记得偏重三五。铺翠冠儿，捻金雪柳，簇带争济楚。"其中"铺翠冠儿""捻金雪柳"，都是当时流行的饰物，这八个字也应是当时的寻常用语，作者信手拈来写入词中，语调轻松活泼，宛然少女声口，又具有一种流动着的音韵美。"如今憔悴，风鬟霜鬓，怕见夜间出去。不如向、帘儿底下，听人笑语"，语句明白省净，却能深刻地表现词人心底无限的孤寂悲凉：经历了许多痛苦流离后，如今面容憔悴，头发散乱，早就懒得夜间出去。不如躲在帘儿底下，听听别人的欢声笑语吧！但我们想想，词人在隔帘笑语声中真可以聊温旧梦，得到一丝的慰藉吗？怕只会使悲苦更痛心彻骨吧！不尽的深意皆包蕴在浅淡的语句中。

李词的这种语言特色，被世人称为"易安体"，它其实正是李清照把婉约词的风格推向成熟的重要体现！像这样的语句在她的词作中是颇多的。如"守着窗儿，独自怎生得黑"，"这次第，怎一个愁字了得"《声声慢》；"水光山色与人亲，说不尽，无穷好"《怨王孙》；"此情无计可消除，才下眉头，却上心头"《一剪梅》……邹祗谟在《远志斋词衷》中说："以浅俗之语，发清新之思"。朱彝尊在《(红盐词)序》中说："诗所难言者，委曲倚之于声，其辞愈微，而其旨益远。善言词者，假闺房儿女子之言，通之于《离骚》、变《雅》之义。"用他们的话来评价李词的这种笔力，是十分恰当的。

总之，李清照的词作融合了内心情感的"真"和艺术风格的"婉"，并且达到了"真"与"婉"完美统一的境界。事实上，内心情感的"真"使作者更倾向于采用深婉含蓄的笔法加以表达。而深婉含蓄的笔法则使真挚恳切的情感更具感染力。李清照才华卓绝，品德高尚，然而一生道路曲折，遭遇不幸，晚景更加凄凉，的确是一个悲剧。可告慰的是，她的才华和成就得到后人的公认。读着她的作品，就会感到她不愧是我国历史上最伟大的女词人，是我们中华民族的光荣和骄傲。

【参考文献】
[1] 精斌杰，孙柴恩，宁荣宾。李清照资料汇编 [M]. 北京：中华书局，1984.
[2] 夏承泰，周汝昌，叶嘉莹等. 宋词鉴赏辞典（上册）上海：上海辞书出版社，2003.
[2] 叶嘉堂. 唐宋词十七讲 [M]. 长沙：岳麓书社. 1989.
[3]（清）朱彝尊，（清）汪森. 词综 [M]. 上海：上海古籍出版社，2005.
[4] 徐培均. 岁寒居说词 [M] 上海：上海古籍出版社，2008.
[5] 王水照宋代文学通论 [M]. 开封：河南大学出版社. 1997.
[6] 刘良芬. 李清照与她的抒情词 [J]. 陕西教育（教学），2001.

三自教育

游戏在初中团体心理辅导中的有效应用

【内容摘要】

本文从游戏设置、游戏组织、游戏讨论三个方面阐述了游戏在初中团体心理辅导中的应用策略，从而使团体心理辅导更加符合初中生身心发展特点，提高团体心理辅导的效果。

【关键词】

游戏；初中；团体心理辅导

心理游戏是一种在团体情境中提供心理学帮助与指导的重要方式，它是通过团体内人际交互作用，促使个体在交往中通过观察、学习、体验，认识自我，探讨自我、接纳自我，调整和改善与他人的关系，学习新的态度和行为方式，以发展良好的生活适应的助人过程。

团体心理辅导课堂，学生在游戏过程中，通过自身的参与、观察，通过与伙伴的合作、交流，通过体验游戏的成功、失败，内心会自然而然地产生不同的感悟。

在校园里，"团体心理辅导"为学生在自我意识、人际交往、以及个性健康成长等方面都带来了很大的帮助，对学生的心理健康成长，发挥着越来越重要的作用。团体心理辅导，使得心理健康教育不仅走进了校园，也走入了课堂。团体心理辅导离不开游戏，游戏是团体辅导的基本载体。借助于游戏，团体心理辅导的主题、思想和理念得以展示、传递、强化与巩固。

一、游戏设置要符合实际

并不是所有的游戏活动，都适合初中团体心理辅导，选择游戏活动时在充分理解游戏的思想、内涵与意义的基础上，符合实际。

由于初中生的身心发展具有此阶段特有的特点，比如：第二性征出现，性意识、自我意识、独立意识增强，情绪情感体验强烈、动荡不安等。因此，我在选择游戏活动时，不仅要考虑切合主题，还要考虑初中生的身心发展特点与学习生活实际，能反映学生成长的困惑，使其通过参与游戏活动，发现内心的困惑、矛盾和冲突，获得人生体验，启发人生思考，从而促进心灵成长和行为改变。

例如，随着青春期的到来，初中生自我意识增强，更加关注自己的外在形象，在心理上常常存在着"假想观众"，感觉有无数双眼睛在观察自己，随时随地会被别人的欣赏或批评，如果不能正确认识自我与悦纳自我，就会产生各种各样的烦恼，影响自信心的发展。因此，"自我探索与成长"的辅导主题对初中生来说，有着特别重要的意义，在此主题中，除了"我的自画像""我是谁""成长五部曲"等系列游戏外，我特别设计了一个"赞美青春"的游戏，通过这个游戏，让学生感受青春的美好，接纳自己的成长与变化。

二、游戏组织讲究保障活动秩序的原则

游戏的选择与设置固然重要，但同一个游戏，由不同的组织者来组织，会有截然不同的效果。这说明一个游戏能否发挥应当有的积极效果，游戏组织是关键环节，能够决定游戏活动的成败，这就对组织者提出了更高的要求。团体心理辅导过程中，对游戏活动的组织，我遵循保障活动秩序的原则。

为了保证游戏活动的顺利进行，保证学生真正融入其中，保证游戏活动秩序井然是必要条件之一。否则，混乱的嬉闹场面可能会彻底毁掉团体心理辅导的效果。

三自教育

首先，保证成员参与游戏有序。特别对于一些竞争性的游戏项目，我会指导学生有序良性竞争，切不可争抢，游戏中，输赢是其次的，安全第一，体会到快乐和感悟才是最重要的。

其次，保证场地轮换有序。一堂课中，不同的游戏环节可能需要转换场地，我会对路线及人员进出顺序做出预先安排，以免造成混乱，影响游戏活动进程和课堂效果。

最后，保证观察员加油热烈有序。我会温馨地提醒学生，游戏过程中可以为组员加油助威，但要动、静有序，不能大声喧哗，随意走动。

三、游戏讨论要迁移生活与实际

游戏讨论环节是团体心理辅导的点睛环节，是将学生在游戏活动中生成的心理感受提升到意识层面，让学生更进一步地聆听自己的内心与感受，看到自己的变化与成长。缺少游戏讨论环节，团体心理辅导就是不完整的，就会大大降低心理辅导的效果，很多学生就会停留在游戏表面的快乐或失败中，而忽略游戏带给自己更深层次的体验与思考。

在此环节，我会围绕辅导目标引导学生从多角度进行反思，整理游戏活动体验，整合现实生活经验，尝试探索未来，获得自我认识与成长。为保证游戏讨论分享环节的有效性，游戏讨论要迁移生活与实际，引领学生进行自我探索与成长。

我会积极引导学生将游戏中获得的新发现、新思考、新的人生感悟、认知与行为的改变迁移到现实生活中，从而实现自我的成长与发展，促进现实状况的改变。

例如：在"信任之旅"游戏中，有些同学在蒙眼旅行的过程中，会感受到无助、恐惧的情绪，体验到盲人的不容易和对他人帮助的渴望；领悟到了健康的宝贵与帮助他人的意义；从而会改变对盲人或残疾人的歧视态度，在同学遇到困难时改变冷漠的态度；将游戏中获得的体验迁移到现实生活中，就会多一份爱心、多一份信任、多一份友好，更加乐于助人，而且在助人过程中会更加体贴、周到、设身处地为他人着想。这就是团体心理辅导的无形效益，这就是心理游戏的无限魅力。

在游戏讨论环节，我还特别注意营造宽松、安全、接纳的氛围，突出学生的学习主体地位，坚持正面取向，尊重学生分享多少与深浅的不同选择，做一个积极的倾听者与助推者。

总之，游戏活动非常符合初中生的身心发展规律，能够充分满足孩子爱玩的心理。团体心理辅导中设置的经典游戏为学生营造了一种轻松、愉快、温暖的课堂氛围，调动了学生主动参与的积极性，使其成为课堂的主体。学生带着轻松愉悦的心理进入课堂，促进了学生之间的互动，促进了个人与团体的成长。教师只需扮演设计者、组织者与陪伴者的角色，发展了学生，成就了教师。

初中团体心理辅导中的游戏活动为学生搭建了"游戏人生，体验成长"的舞台。学生在游戏中体验的人生片段，感悟到的人生道理，要比成人的道理说教记忆深刻得多。借助于游戏的开展与演绎，将学生带入丰富多彩的微观现实生活，引领学生体会生活状态，迎接人生挑战，感受情感起伏，激发生命潜能，获得自我成长。

【参考文献】：

[1]李学鸣，彭杰，《论高等学校共青团工作与大学生就业能力的培养》，沈阳农业大学学报(社会科学版).2008(1)：53-55.

[2]宋洪波，张红，李宇，魏文多.《团体心理辅导对大学生人际交往能力的促进》.宁波大学学报(教育科学版).2008(5)：102-106.

[3]田国秀.《团体心理游戏》，学苑出版社，2012.6.

[4]韦耀阳，谢芳. 游戏治疗在儿童团体心理辅导中的应用.《现代教育科学：小学校长》，2008年，第6期.

[5]阳志平.《积极心理学团体活动课操作指南》，机械工业出版社，2012.8.

三自教育

城乡接合部学校德育管理创新模式探究

【内容摘要】

城乡接合部学校因其自身地理位置和生源情况,德育管理中存在很大的难度。变学生被动管理为主动管理,探究出学校德育管理新模式,对学生及学校的发展尤为重要。

【关键词】:自主管理模式;"1241"

教育的本质是什么?教育是点燃,是唤醒,是促进人的自主发展、个性发展、全面发展。教育的对象是鲜活的人,人有自我意识、自我需求、内在动力。所以,好的教育是让学习在学生身上发生。德育管理同样如此,让德育在学生身上发生,即让学生学会自我管理,最终在自我管理中实现自主发展。基于此,作为学校的德育工作,我们开始了学生的"自主管理"研究。

一、研究背景

我校是2017年迁建新校址的九年一贯制学校,地处城乡接合部,又毗邻经开区教育大校,导致学校在发展中存在如下问题:

一是由于学校迁建,学校规模扩大,生源量急剧增多,班数增加,班额偏大,每个班普遍达到55人左右,班主任、科任教师感到管理难度大,传统的班级及学校管理机制难以实现学校、社会所期待的育人目标。二是本校所服务的经济开发区家庭主要是由拆迁安置居民、园区产业工人、农村务工人员组成。这几类家庭主要存在以下问题:父母因工作及自身文化原因，没有精力教育孩子，教育缺少来自家庭的合力；大多数家庭对孩子缺乏明确的教育期待；大多数家庭缺乏科学合理的教育方法，多表现为简单粗暴。三是学生表现不够理想。缺乏明确的目标导向，没有学习动力，不爱学习的表现明显，也存在自控能力不强、意志力薄弱等问题。孩子们所表现出来的一系列问题给我们的学校教育和管理带来了挑战。

二、德育"1241"管理模式的建构

基于学校区域位置和学生实情，我们开始了自主教育研究，尤其对德育管理模式进行了探究。我们从自主管理的组织建构、目标体系、策略路径、评价考核等四个方面着手，创新建构出"1241"学生自主管理模式，解决了自主管理"谁来管""管什么""怎么管""管得怎样"的问题。

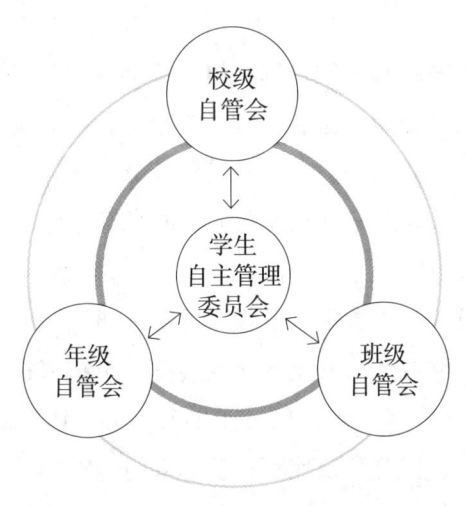

图1 学校自管会组织

（一）一个自管组织

学生自主管理的机构，我们称为学生自主管理委员会（见图1），简称"自管会"。自管会组织由校级自管会、年级自管会、班级自管会三个层级组成，三个层级自上而下，层层管理，形成了一个系统的学生自管组织。

三自教育

（二）两个目标体系

学生自我管理能力养成目标，既是自主管理工作实施的指南，也是管理的最终归宿。为了让学生知道自我管理最终要管到什么程度，我们设立了两个管理目标体系：学段目标和一日目标。学段目标分低段、中段、高段，初中段设置，分别从学生"做人、做事、学习"三个方面九个点制定具体的要求，如"做人"就包括"礼貌待人、诚实守信、自信自强"三个点，各点又有具体的素养达成规定。一日自主管理目标，则以学生在校的一日时间为准，对学生各个时间节点的自主管理做了详细的规定。两个目标体系共同建构了一个学生成长自我管理的指南，让学生发展有路，成长有方。

（三）四项运行机制

经过实践研究，我们创新构建了学生自主管理的"三级四项"机制。

1. 三级自管制

我们采用学生三级自管制，即校级自管会管理年级自管会，年级自管会管理班级自管会，班级自管会管理学生个体，简单说就是每一个上级自管组织负责下一级自管组织，各级自管组织分工明确，责任落实，既让更多学生参与管理，得到锻炼，又提升了学生管理的实效。

校级自管会设自管会主席和副主席各一名，主要负责自管会各方面工作的组织实施。校级自管会下面分设"八部一班"，即监察部、体育部、文艺部、礼仪部、学习部、安全部、宣传部、组织部、国旗班。各部均有部长一名及干事4—5名。各部门分工明确，如：体育部主要组织开展学生的大课间操锻炼、体育竞技比赛；艺术部组织安排各类文艺活动，也承担着培训文艺活动骨干，参与校外各种演出活动；礼仪部全面负责有关学生学习生活的检查工作，如卫生检查、两操检查、文明学生评选活动等；安全部主要负责大型活动中的安全执勤和监管工作，检查安全值周同学的到岗到位及工作落实情况等；国旗班负责每一周的升旗仪式、重大庆祝及纪念活动的升旗任务。

年级自管会设学习部、体育部、安全部，主要负责日常的纪律、卫生检查和室内两操检查。班级自管会由班长、学习委员、劳动委员、纪律委员、文艺委员等组成。这样自上而下，层层设置，形成了一个分工明确、组织严密的学生自主管理体系。

2. 三级助理制

"三级助理制"即是指我们为校级领导、班主任、学科教师设立助理的制度。这样的设置，可以让学校领导借被教育者的眼睛及时了解到学校教学和管理工作的一些真实情况，并及时反馈到相关部门，更好地促进学校的管理工作。班主任助理和学科教师助理，可以协助班主任和学科老师及时了解班级和学科学习情况，特殊情况下，还可代为处理一些小事，这就给了班主任和学科老师更多的自主时间。

3. 三级监督制

我校三级监督制即设立校级监督岗、年级监督岗、班级监督岗的制度。自上而下，层层监督，对学生的自主管理工作和学生文明言行进行监督管理，以促进学生管理工作的实效。

4. 三级培训制

我们重视学生自管干部的培养，坚持三级培训制，即校级自管干部培训、年级自管干部培训、班级自管干部培训制度。我们坚持"岗前训""岗中导""岗后研"的原则，让每位自管干部持证上岗，知责任、明任务、懂方法、增效力，最终实现管理能力的提升。

（四）一个评价体系

我们科学建构评价体系，注重评价的全面性、动态性、多元性。学生自主管理评价体系包括个人、班级、年级和校级自主管理评价四个方面，各方面评价制度均采用自评和他评相结合的方式。通过评价，我们检验管理效果，诊断管理问题，调控管理进程，激励师生管理热情，以推动学生自管工作高质量地开展。

三自教育

图2 "1241"学生自主管理模式

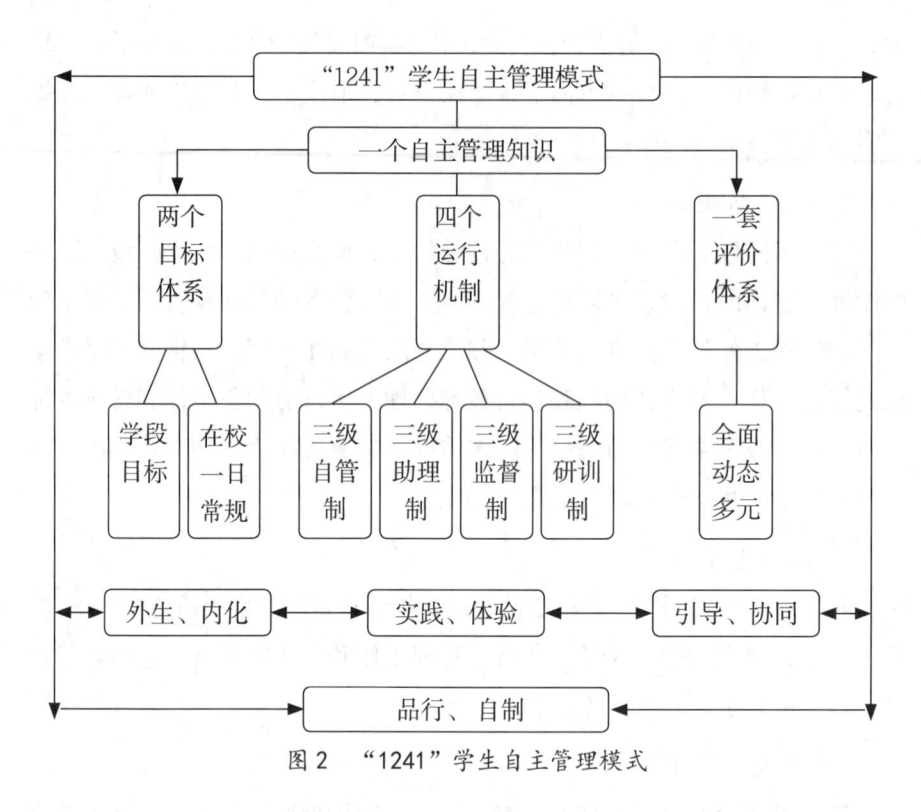

"1241"学生自主管理模式（见图2），通过一个组织、两个目标、四项机制、一个评价体系，科学建构了学生自主管理的德育管理模式。

三、"1241"学生自主管理模式的意义探究

（一）提高学生自主管理能力

该模式能让学生在管理中体验管理，在体验中实践管理，在实践中学会管理，在学习中提升管理。学生的自我管理能力增强，学会了相应的管理方法和技能。这样的学校管理实践，为孩子搭建了一座通向社会的桥梁。

（二）激发学生发展的内生动力

通过自主管理，学生获得管理经验，获得自信心和成就感，并由内而

外地激发出内生动力,变"要我做""要我学"为"我要做""我要学",从而,由被动发展转变为主动发展,持续生发出学习发展的内在力量。

(三)提升了学生的道德感和责任感

"1241"学生自主管理模式,让学生在参与管理中深化道德认识,进一步明辨是非曲直,对自我的价值观、人生观、世界观的形成大有裨益。同时,参与管理即是肩负责任,让学生有了深刻的责任体验,进一步培养了学生待人做事的责任心,推动了孩子的健全人格和优秀品质的形成。

自主教育是先进的育人理念,只有实现了学生的自主管理,学生的自主发展、终身发展才会成为可能,而学生"1241"德育自主管理模式无疑提供了一个很好的抓手。当然,自主教育之路永远常研常新,这也将是我们研究的长远方向。

【参考文献】
[1] 宇飞. 《千万别管孩子——自主教育哈佛启示录》,中国经济出版社.
[2] 袁振国. 《农民工子女教育问题研究》,经济科学出版社.

三自教育

浅议区县城郊学校班级管理策略

【内容摘要】基于当前区县城郊学校学生的管理存在一定的难度,从班主任角度深刻剖析和思考行之有效的班级管理策略和路径,从班级管理策略实施和家校共育方法的优化,来达成城郊学生健康和谐发展。

【关键词】区县城郊学校;班级管理策略

在义务教育不断推进优质均衡发展、城乡一体化的当前,对于我工作的遂宁经济开发区城郊学校来说,在新的形势下,班级管理面临着许多的困难和挑战。由此,我做了如下的探究和实践,寻找到适合城郊学生的行之有效的系列班级管理策略。

一、城郊学校学生的问题现状

(一)学生普遍存在自我约束力不强,自我管理能力差的问题

我校位于城郊,2017年迁建前教师54人,学生500余人,是一所规模较小的农村学校,也是所在区县学校中的教学薄弱学校。迁建前学校是小青瓦四合院,位于农家田园之中,下雨时,道路泥泞,交通极为不便。因学校硬件设施较差和交通不便等问题,学校周边的学生,凡家庭经济有一定实力的,家长都想方设法把孩子送到城区中心优质学校就读,拆迁安置居民、进城务工人员等,这些家庭大多注重经济建设,较为忽略孩子的教育和管理,家里基本都是年轻人忙于打工挣钱,老年人帮忙照顾孩子。尤其是拆迁安置居民,田地被征用,本地打工薪酬相对较低,大多数年轻人都去沿海发达地区打工挣钱。留守在家的老人可以照顾孩子的饮食起居,

但教育管理相对吃力，无法对孩子的行为做到很好的教育引导。少数在本地打工的父母，虽有一定的时间管理孩子，但因自身文化水平的原因，普遍缺乏科学的理念和方法，多实行的是一言堂式的专制管理，过度干预，且多以呵斥制止的方式，重堵不重导，导致孩子有家长在场时是小绵羊，没有家长在场时自由放纵。以上种种原因，导致我校学生普遍存在自我约束力和自我管理能力差的问题。

（二）学生普遍存在学习主动性不强，自主学习能力差的问题

我校学生基本都是拆迁居民和进城务工人员子女，很多家庭都缺乏对子女学习应有的重视度，更缺乏对学生人生规划的指导。很多家长认识不到读书学习的深远意义，只凭自己的人生经历和感受，偏颇地认为学生读不读书都无关紧要，今后打工挣钱也能养活自己。在这样的家庭教育之下，学生缺乏应有的学习动机和学习目标，只是为学而学。同时，我校学生虽然都是农民子女，但现在衣食无忧的生活状态让学生根本感觉不到生活的压力，优越的生活条件也导致学生缺乏学习动力。

二、城郊学校班级教育管理策略

隔代管教、管理脱节、家庭期望等都给城郊学校的班级管理带来了前所未有的教育管理难度。在深入了解了"城郊孩"表现背后的原因之后，我从工作实际出发，有的放矢，学思结合，采用了一些行之有效的管理策略和工作方法。

（一）多措并举，充分发挥学校教育的积极作用

初中学生无论在生理上和心理上，都处于成长发育阶段，他们的知识结构、道德取向、行为模式、价值观等都还处于未定型时期。教师适时地巧妙引导，成长档案的建立，帮扶制度的完善，激励性机制的推进，心理疏导工作的开展，为孩子的成长保驾护航。

1. 学生成长档案，清晰描画孩子成长轨迹。作为班主任，要学会给

● 三 自 教 育

孩子画像，要全面地掌握孩子的个人情况。包括家庭的具体情况，如家庭组成、家庭文化背景、家庭联系方式等；还要将孩子的性格特征、个人爱好、学习情况、社交情况等写入档案中；并根据孩子的成长，适时补充，更新，了解其发展动态，以便掌握教育的第一手材料。

2. 班级实行人生导师制及责任帮扶制。全员育人，将学科教师的教育力量很好地汇聚起来，建立班级人生导师制度和学科教师帮扶制度，签订教育责任书，让每一位学科教师对应负责几个学生的教育管理。根据情况适时开展谈心交流活动和家访活动，以扩大教育的力量，提高班级管理的效力。

3. 班级班委成员轮岗制。建立班委轮岗制，让每一个学生都是班级管理者。让每一个孩子都是管理者，也是被管理者。让孩子在管理中学会自我教育，在自我教育中学会管理，从而实现自主发展。

4. 多种途径加强学生的心理健康教育。针对学生心理脆弱、缺乏抗挫能力、情感淡漠、不会感恩、自私自利等心理现象，我建立了每周一天的心理沟通日。采用班会、主题文艺表演、心理健康课、实践体验活动等形式，从情感体验、自主表达、社会适应等方面让学生不断增强内力。

5. 正确处理成人与成才的关系，以灵活教育方式，减轻课业负担。立足于人的成长，关注学生的长远发展，转变教育观念，灵活教育方式，切实减轻学生课业负担。

6. 亲师信道，爱字当头，和谐师生关系。注重与学生情感的交流，工作中爱字当头，但宽严有度，不纵容，不溺爱，不放手，让孩子享受规则下的自由，放心安全的师爱。

（二）强化家校合力，助推孩子成长

对于学生的教育，必须构建好"班级——学校——家庭——社会""四位一体"的教育格局，形成齐抓共管的局面，覆盖到学生学习、生活的各个环节。

1. 引家长论道，为家长赋能。开展新生家长培训会，努力提升家长的教育理念，协助家长增强学生习惯教育、劳动教育的意识。可以每期召开两次家长会，进行家庭教育指导，比如要求家长必须尽量陪伴孩子，不要受拆迁"富"的思想影响。多关心孩子的身心健康，利用工作之余尽可能多地陪伴孩子，在孩子生日或传统节日之时买一点礼品，让孩子体会到父爱母爱等。最终实现家校教育育人的价值、目标、路径的协同，提升家长的育人水平。

2. 建学习平台，为家长助力。建立班级家委会，建立班级家长QQ群，并利用学校微信公众号，经常向家长推送家庭教育文章，经验分享；并让优秀家长现身说法，多形式地为智慧家长助力。

3. 加强交流互通，实现教育无缝衔接。倡导家校教育的无缝衔接，号召家长要及时了解孩子学习和心理发展状况，发现问题，及时与老师交流沟通，以最终形成合力，有针对性地开展教育。

4. 加强家、校、区的合作。为了学生的健康成长，我也经常利用学校的一些"关爱工程"，发挥学校主体的作用，把握学校大环境，制造教育机会，邀请家长代表，带孩子走进社区，走进社会，在社区活动中体验成长，如开展"走进敬老院""我是家乡的环卫者""家乡河考察"等活动。

"蓬生麻中，不扶而直；白沙在泥，与之俱黑。"城郊学校学生是对我们教育的考量，只有正视问题，不断更新班级管理理念，实践探究新的方法措施，才能最大限度地促进学生的健康发展。

【参考文献】
[1] 胡艳辉. "问题少年"矫治体系论 [M]. 长沙. 湖南人民出版社.
[2] 胡李雨. 家庭教育决定孩子的一生 [M]. 北京. 中国华侨出版社.
[3] 城乡接合部小学生的教育策略 [J]. 贵阳. 中国校外教育（基教版）.

三自教育

作文评语中的情感引导

【内容摘要】作文是学生的情感表达方式,也是我们教师了解学生情况的一个窗口。针对学生在作文中出现的不同性质的情感状况,我们应在评语中用较恰当的语言加以分析,同时给予正确引导,让学生的思想感情向更光明、更多彩的方向发展。

【关键词】写作指导 评语 情感引导

作文是最富有个性的学习和创造活动。学生的写作过程,集中了学生的生活体验、情感等,所以作文是极具个性的精神产品。"写作是运用书面语言进行表述和交流的重要方式,是认识世界,认识自我,进行创造性表述的过程"[1],因此作文教学,应该张扬学生个性,充分发挥学生主体精神和创新意识。

作文中学生将其所思、所想真实地吐露,其中有积极、乐观、喜悦的一面——对未来的憧憬,对生活的信心;也有消极、悲观的一面——对未来的彷徨,对人生的失望等情感,特别是情感思想日渐成熟的中学生在作文中的情感表现尤其强烈。作文教学能提高学生认识世界的能力,促进学生的个性发展。"学生写作的过程,就是把自己人生经历的酸甜苦辣,生活体验的喜怒哀乐,用文字记录下来,促使自己深入思考,认识自我,完善自我,不断健全人格的过程"[2]。故而在作文的批改中,我们应针对各种情况,采取适当的情感引导。下面就学生在作文中出现的两大类思想情感谈一谈我的做法:

一、积极向上的情感

此类文章一般能有较正确的人生观、价值观、世界观，有一定的奋斗目标和理想，充满了对未来美好的憧憬。然而，"作为个体心理发展的一个方面，道德发展和其他的心理方面一样，受多种因素的影响，包括内部因素与外部因素"[3]，所表现的仍需在思想上引导，在认识上予以加强，我选取以下几个方面略加分析：

（一）对人性美的颂扬

人的生命长河中，我们随时都在追求真、善、美，在一些学生的作文中，也始终闪耀着人性的真、善、美的光芒。"生命的长河是无止境的"，在《改变》一文中展示了这样一种对人性美的颂扬：

同桌是从实验学校转到我校的，听说是由于他在那所学校非常调皮，不遵守班规校纪，再加上在城里"得天独厚"的优势，弄得老师、家长拿他没办法，只得央求校长把他转到我们学校。

然而任何事情都是相对的，一个历史性的事件改变了我对他的看法：他居然钻进多刺的花丛去拾一只小冰袋——头一天我从那经过，顺手丢的——然后扔进垃圾桶，被我看见后只是腼腆一笑……

品德与外表，甚至于他平时的行为，都有着如此大的差距！他也有美的一面！

善良、人性美与他不遵守班规校纪或许都是真实的他，是他不同的外在表现。我们每一个人都需要关怀和理解；我们每一个人都是可塑之才。

评语中我写道："人生到处都充满着真、善、美，只是我们缺少发现，也缺少一颗发现的心。让我们体会生活，观察生活，你会发现这世界到处都充满惊奇、惊喜的人性美。"

（二）对生命真谛的感悟

"路漫漫其修远兮,吾将上下而求索"，人活在这个世界上应有所追求，要有理想，让人生更加充实，然而许多人依然是凡人，这就需要有自己的活法。一些中学生在作文中所展现了对于生命、健康、快乐的思考，这一

三自教育

种纯真思想值得我们学习和探讨。让我们欣赏一下《野炊》吧：

阳春三月，万物复苏，春天的脚步已悄然然踏来。自然风光的绮丽，山的青，水的秀，鸟的鸣，花的香，让年少的我们无法拒绝大自然的恩赐，想亲近她，拥抱她。然而……

天才的唐老师居然说服校方，同意我们高三的"犯人"出去放放风。"Oh my god！ Oh my dear！"

我们出发了，沿途的青草、小花让我们每个人都十分兴奋……

我忽然觉得我们追求理想时也应快乐，应更加注重过程，不要错过人生旅途中的美景——"人活的不是目的而是过程"。

当然，学生对生活的思考肯定缺少更多的人生体验。社会阅历肤浅，视野狭窄，鉴于此类情况，做老师的就应全面、多角度地引导学生，除了褒扬其基本观点正确外，还应指出其中不足之处。在《野炊》的评语中我写道："生活因多彩而精彩，多彩的生活构成精彩的人生。……用心去体会酸、甜、苦、辣的滋味，这本身就是一种美。"

二、消极悲观的情感

中学生接触社会的机会少，时间短，对于某些社会现象，缺乏更深刻的认识，于是就会产生两种结果：一是以点代面；二是盲目跟随。他们对于世界的认识更多地来源于间接经验，由于社会上其他人或长者的言行影响，文学艺术、影视娱乐的误导，再加上青少年对于新事物的特有敏感性，使学生很容易产生认识上的偏差或随波逐流。"作为肩负着思想教育的语文教学，我们有义不容辞的责任和义务"[4]。作文显示了学生复杂的内心世界，我们应抓住良机，对症下药，在评语中贯注我们的情感教育，让他们诚恳地进行批评与自我批评，让学生得到一剂清新的良方。学生作文中所表现的消极情感纷繁复杂，如悲观主义、个人主义、封建迷信、拜金主义等，我们应针对不同情况，及时引导，不但在评语中进行引导，而且要在平时找其谈心，切忌粗暴打击。下面我选择在作文中常见的几种消极思想观念，谈一谈我在评语中的情感引导。

（一）自由主义思想

中学阶段正是学生个性张扬，极具可塑性的阶段，他们崇尚自由和解放，想有一种无拘无束的生活，追求所谓的自由，对于师长的管教，班规、校纪产生反叛情绪，"为赋新词强说愁"，不管时代性和阶级性而向往"明朝散发弄扁舟"的生活。在《神鹰》这篇作文中，作者写道：

我向往神鹰在蓝天上飞翔，呼吸着清新自由的空气；我向往神鹰在山巅上盘旋，欣赏着美轮美奂的景色。

…………

我就像一只折翅的土鸡，连矮墙都无法越过，甚至还有饲养员的窥视……

在文中，小作者表现出了一种对"自由"的极度向往，这与他平时的生活环境有很大的关系。家长望子成龙的心切，只让孩子们学习，他们很少有自己的自由活动时间和空间，从而产生一种逆反心理。鉴于此，我们的引导就应更加重要，在评语中我写道："张开你的双眼，看到美好的世界。你是神鹰，就绝不会有人改变你的本性。自由有时是以'不自由'作为前提的。"

（二）金钱至上主义情感

许多学生都以金钱作为成功的标准，甚至产生读书无用的思想。他们认为"虽然钱不是万能的，但是没有钱是万万不能的"。这种对金钱的追求表现在他们平时的言行中，更体现于平时的习作中，在一篇题为"记一次春游"的作文中就显露了小作者的拜金主义：

春天的气息已经很浓了，我们犹如脱缰的野马奔驰在仲春的野外……

从同学们所带的物品中，我感觉到了等级的差别；从他们用钱的神态差异中，我体会到了金钱的魅力……

我要用一切可能的手段去追求金钱，"不论黑猫白猫，抓到耗子就是好猫"，只有这样，才能实现我的一切梦想……

三自教育

金钱，确实是一个现实问题。社会的大环境对学生产生了至关重要的影响，使学生对钱的理解产生偏差。因此，我们的引导也要把握好分寸，上文中，学生对金钱的崇拜表现得明显，我注意保护他的热情的同时加以点拨："君子爱财，取之有道，用之有度。物质财富的创造是一个人成功的标准，但不是唯一的。"

（三）个人主义情感

集体主义观念的日益淡薄，成为许多学生的通病，由于多数学生是家中的独生子女，因而个人主义情感较为严重，一切以自我为中心，认为父母、老师的付出是理所当然的，不应该要回报。关心集体，帮助他人，爱护公物等积极情感都在淡化，作为师长，我们就应该在他们习作中所表现出来的这种情感加以引导。如在《小草与大树》一文中，作者谈到"索取"和"奉献"时写道：

树之所以能参天，就在于它吸收大地许多的营养，而草之所以矮小，就因为它吸收太少；此不为能者得多而庸者得少吗？

我们青春年少就应一切为我所用，所谓"成大事者不拘小节"。"宁可我负天下人，不可天下人负我"的曹操不也在中国历史的发展中浓墨重彩地书写了一笔吗？

文中小作者的个人主义情感锋芒毕露，令人担忧，对于他个人人生的发展有重大影响。对于这样的学生，我们批评一定要委婉，评语中我写道："汝之抱负可撼天动地，为师深感欣慰！然吾辈更应注重个人发展与集体主义的关系。'一根筷子易折断，十根筷子抱成团'……"这样点到为止，日后在我与学生的详谈中方可见效。

另外，关于学生作文中的消极情绪还有许多，它们的存在引起了我们语文老师的深思：平常我们在语文教育中应加强人文教育，加强阅读和写作指导以及社会实践活动帮助学生了解社会，正确理解某些社会现象。

总之，作文批改作为作文教学的中间环节，既是作文指导的继续，又是作文讲评的基础。我们通过批改，不但要了解学生的写作水平、语言表达等，更要关注他们的生活状况和思想动态，为学生的全面发展开辟更多彩、更健康的道路。作文的"批语要实事求是、恰如其分，切忌褒贬过度，言过其实，以免引起学生盲目自满或自卑"[5]，我们要注入更多的人文关怀，正面引导，鼓励为主，劝导为辅，调动积极因素，克服消极因素；恰如其分地概括学生的优点和缺点。

让我们用信赖和关怀去创造美好的师生情感交流世界！

【参考文献】：

[1] 教育部，语文课程标准（义务教育2022版）[S]. 北京：北京师范大学出版社，2022.

[2] 李福灼，语文课程教学论 [M]. 桂林：广西师范大学出版社，2018.

[3] 张文新，青少年发展心理学 [M]. 济南：山东人民出版社，2012.

[4] 赵晓丹，写作教程 [M]. 上海：复旦大学出版社，2019.

[5] 朱绍禹，中学语文教学法 [M]. 上海：中华书局，2015.

三自教育

建构初中语文小组有效合作学习模式
——以《老王》的教学为例

课程改革倡导学生积极主动地参与教学过程，勇于提出问题，学会分析问题和解决问题的方法。小组合作学习将班级授课制条件下，传统的师生之间单向或双向交流转变为师生、生生之间的多向交流，学生个体间的学习竞争关系转变为"组内合作""组际竞争"的关系，不仅提高了学生学习语文的主动性和探究性，也拓宽了学习语文的途径，使学生学会合作、交流和分享，从而提高了教学质量。下面以初中语文七年级下册"老王"一课的教学为例，从教师在小组合作中的地位和小组合作任务的设置两方面谈谈语文课小组合作。

一、教师在小组合作学习中的教学服务功能

在语文课教学中，教师可通过精心设计学习提纲，理清线索，明确要求，指导学生感知教材和理解教材。首先，小组合作离不开问题的策划，所以教师要对课堂问题进行策划。设置疑问，引发认知冲突，活化语文思维，借助小组合作学习，建构语文知识的意义，可以使学生思维更积极，感知更敏锐，想象更丰富，记忆更牢固，合作更有效。其次，可通过生活显示情境、实物演示情境、音乐渲染情境、图画再现情境、扮演体会情境、语言描绘情境等不同途径创设教学情境。例如：《老王》中的"送钱先生去医院"片段就是一个思辨性极强的评价问题，尽管文章中暗含提示，但就此展开辩论仍有难度。如果将一个个小组模拟"文革"开始后，人际关

系变化就可以一下子打开思路，辩论就活跃起来了。可见情境创设得巧妙、恰当，对激活、开阔语文思维是大有裨益的。最后，小组集体实践也很重要，除重视课堂中的活动外，课外活动也是语文课堂教学很好的补充与延伸，可以根据学生的生活经验和学习经验，以小组为单位，开展各类活动。

在小组活动中，教师的调控功能也很重要。教师的调控功能包括组织调控、时空调控、情感调控。合作学习的互动是开放的，但不是散漫的，放任自由的话，课堂教学会处于涣散的无序状态，甚至影响教学目标的实现。因此要求教师对教学各个环节的时间安排和控制要有预测，运用教学机制、自身的感染力，根据实际情况进行调整，既要给予学生活动的时间和空间，又要切实提高小组合作学习的效率。

二、小组合作学习中任务的设置

合作学习的任务最好是团体性任务，而不是个体性任务，即任务所要求的资源（信息、知识、技能、材料等）最好是单个学习者所不可能全部具有的，离开与他人的合作交流，个人就无法实现任务目标。小组成员的任务目标是共同的、明确的，同时，他们在资源上又是相互依赖的，这样可以促进学习者对活动的参与。"老王"一课，涉及的有关"文革"背景知识面广，条块较多，各合作小组可分别领取任务，通过查找资料、网上搜索、收集仿制文物来完成对"文革"背景状况的呈现。

三、小组的结合方式、活动方式和评价

小组结合方式是将全班学生依其认知水平、对语文的兴趣程度、能力倾向、个性特征、性别乃至社会家庭背景等方面的差异组成若干个异质学习小组，创设一种只有小组成功，小组成员才能达到个人目标的情境，即小组成员不仅要努力争取个人目标的实现，更要帮助小组同伴实现目标，通过相互合作，小组成员共同达到学习的预期目标。

三自教育

活动方式可以因地制宜、多种多样，现罗列以下几种：

1. 竞赛。根据学习目标与学习内容，可对学习任务进行分解，由不同的学习者单独完成，看谁完成得又快又好。各自任务完成后，就意味着总任务的完成。竞赛可在小组内进行，也可以在小组间进行。竞赛的内容可以是知识类的，但我们觉得语文技能类的竞赛更有意义，如成语竞赛、诗歌竞赛等。

2. 辩论。围绕给定的主题，可由不同小组或成员叙述自己的观点，然后相互之间展开辩论，最终能说服其他小组即为获胜。辩论有利于培养学生的批判性思维和语言表达能力。

3. 合作。即组内成员共同完成某项学习任务，在完成任务的过程中，成员之间互相配合、相互帮助、相互促进，或者根据学习任务的性质进行分工协作。如果对任务的理解不完全一样，可以互相补充完善，从而圆满完成学习任务。

4. 主题探究。小组可自主地对文章人物、事件、现象进行探究，不限题材和方式，最终成果可以是报告、小报或小论文，旨在培养学生的各种认知活动和分析、解决问题的能力。

5. 社会实践。即小组在教师的指导下，结合本土文化，聚焦身边的事件、生活中的人物。要求人人动手、个个参与，小组运用已掌握的知识设计方案，其他小组对此展开可行性论证，最后实施完成方案。该活动旨在培养学习者的语文知识综合运用能力和分工、协作能力。

6. 角色置换。即让不同学生分别扮演指导者和学习者的角色，我问你答，你问我答，在学习过程中，角色可以互相转换。通过角色扮演和置换，学习者对问题的理解将会有新的体会。

在小组合作学习中，通过组织学生分组讨论或提供材料让学生编问题，能够形成良好的学习气氛。在小组中，学生喜欢表现自己，急于把自己的学习成果向同伴展示，很容易产生高度的学习动机，每个学生都有机会发表自己的看法，有可能获得成功的体验。关于《老王》一文中送香油的情节，教师先让学生自己设想或表演当时的情景，然后让学生分组，对文章中的语言进行分析,如:"他简直像棺材里倒出来的,就像我想象里的僵尸,骷髅上绷着一层枯黄的干皮,打上一棍就会散成一堆白骨。"这一句,要求每个小组讨论后拿出一张本小组分析短文;最后教师挑选部分小组的短文,让小组进行问题辨析。这样通过小组内每一个同学自己动手动脑,并发表各自的意见,而其他同学则要学会认真听取、发表看法,并帮助校正。这种小组内的互帮互学,使得每个学生都能以积极的心态去对待学习,对待别人的看法和意见。

总之,建构初中语文小组有效合作学习的模式,需要从教师在小组合作中的地位和小组合作任务的设置两个方面去精心构思,从而才能为学生提供参与交流的学习空间;使学生深入理解教材内容,形成自己学习方法的最佳途径;激发学生的学习动机,为所有学生提供成功的机会;有助于培养学生的创新意识和创造能力。

三自教育

谈谈小学语文教学中的自主读

古人云：书读百遍，其义自见。由此可见读是学习语文的关键。小学语文的读又分为两种：一是教师的范读，二是学生的自读。下面我就对这两种读谈几点粗浅的体会。

一、教师的范读

教师声情并茂的范读能给学生起到示范作用。教师要想做好榜样，应该做到以下几点：

（一）必须要有一口流利、标准的普通话

首先，教师平时要勤学苦练，利用一切机会，练好普通话，并有意识地参加各种公开活动，从气质和表情上都进行有目的的训练。其次，备课时，要反复感受、品味课文语言，全面把握语文的感情基调，对朗读时的语气、语调、节奏、轻重音等每一个环节都要认真分析，反复推敲，做到心中有数。最后，在课堂上范读还应该配合一些肢体语言，如眼神、表情、手势等。

（二）范读教学的形式

范读教学有多种形式：学生跟读、学生听教师读、学生伴读等。

1. 学生跟读，即教师领读

教师可以在课文的某一精彩片段或具有较强感染力的句群或同学朗读困难的地方，给学生以明确方向性的指导。如：一年级语文中《四个太阳》中有这样一句话："阳光温暖着小朋友冻僵的手和脸。"对于一年级的孩子来说，他不知道在哪儿换气，在教学进行到这里时，要把指导学生画出停顿及重音，再让学生跟着教师读，其目的是培养学生的语感，将来能自己处理长句子的朗读。

2. 学生听老师范读

老师的范读配以音乐、动作、丰富的表情，能使学生产生跃跃欲试的激情。如彭小菊老师在对《乡愁》这首诗进行讲解时，以优美的手势、恰当的表情，深沉的语调来读"后来呀，乡愁是一湾浅浅的海峡，我在这头，大陆在那头"，此时我仿佛看到一位白发苍苍的老人站在海峡彼岸，跷着脚，目光沿手指的方向在那儿遥望故乡。这样一读，作者余光中的那种思乡之情便表露无遗，学生也沉浸在这种氛围中，不用多讲就会有所感悟。

3. 学生伴读

对于比较好掌握的课文，教师范读时以手势带动学生自觉地跟读，以达到预期目的。

二、学生自由读

学生读时要强调在读中品味，在读中领悟。小学语文中的课文大多是童话、寓言、故事，语言优美，富有童趣。教师要指导学生朗读，使其能独立读出抑扬顿挫，缓慢轻重，读出语言的情味，具体方法如下：

（1）要求学生先整体感受课文。第一遍读准字音，不丢字，不加字；第二遍要求学生了解课文内容，在学生的脑中有一个整体印象。

（2）要求学生分辨出该停顿的地方，让学生慢慢掌握读长句子的停顿及重音，逐步培养节奏感。

（3）要求学生在读中演。创设表演的情境，让学生边读边演，能更好地地激发学生的想象力，再现课文中的情节，使学生身临其境地去感受课文。如彭俊英老师在教《小猴子下山》这篇课文时，她让我们仿佛看到了一个顽皮可爱的小猴子。小学课文中有许多适合学生表演的课文，我们

三自教育

可以让学生去表演，这也是培养学生语感的一种好途径。

（4）通过加一加，减一减，换一换的方法来培养学生的语感。就是通过加减字词的顺序来读，让学生来感受不同之处，进而增强对课文句子的理解。如一年级的课文《小公鸡和小鸭子》，通过比较这样一组句子：小公鸡跟在小鸭子后面也下了水；小公鸡偷偷地跟在小鸭子后面也下了水。让学生品味，使学生体味词语的绝妙之处。让学生通过朗读、比较、品味，感受出哪一句更好，怎样读才好，从而提高学生的语感能力。

总之，培养小学生语感，应引起我们教师的重视，不可在课改中迷失方向。

浅议初一新生的管理策略

如果班级是大海中劈波斩浪的航船,那么班主任就是掌控方向的舵手。班主任的管理方法、管理理念,决定着班级学风、班风的走向。十六年的"舵手"经验,让我知道了初一之始班级管理建章立制、定规立矩的重要性,确切地说,是初一新生入校第一个月管理工作的重要性,正如老师常说的"管好一个月,幸福六学期",它直接决定着后期班级管理的质量和效力。那如何才能将新生入校工作认认真真、仔仔细细、踏踏实实地做好呢?我觉得应从有序、有效、有心三个方面着手。

一、新生管理有序是前提

俗话说:万事开头难。对于新接手的班级,我们不能见子打子,而要全盘规划,统筹安排,有计划、按步骤地逐步推进各项工作,即工作思路、策略要行之有序。

(一)制度当先

制定好各项制度是班级管理有序开展的最基本保障。"没有规矩不成方圆",没有科学民主的班级管理制度,行事没有规则、底线,学生不清楚行为的黄线、红线,那班级将是一盘散沙。学生的成长需要引导,学生的行为需要约束,一套好的班规可以引领师生快速有效地开启新学期的学习之旅。每接一个新班,我就会在报名注册当天早上,在黑板上写一个大大的"静"字,这是对学生进入教室的第一点要求,也是他们将要遵守的第一条规则,我也会在当天大致讲讲我对新班级的要求。而后,我将在开

三自教育

学前三天,让学生读背《中学生行为规范》《北固中学学生一日常规》等,让学生明确进入初中后的言行规则,并内化于心,外化于行。而后,我组织学生民主讨论班级细则,建立属于本班的学生乐于遵守的班规,只有来自学生心里的东西,才更容易被学生接受。接着,我们组建班委,搭建班级管理机构,明确各管理干部工作的职责和权限;建立学习小组,研讨完成小组运行机制和评价机制,等一切机构、制度确定后,便开始走向常态化管理了。

(二)常规管理

制定好各项班级制度后,接着便是常规管理。管理重在"管",重在对学生的行为表现的监管和教管。我把时间分为常规时间和关键时间,并让学生建立观念,明确在常规时间什么该做,什么不该做。如早上 6 点 30 分起床后的 5 分钟穿衣、叠被子、整理床铺,接下来的 5 分钟就上厕所、洗漱,然后就马上进操场准备早操。一定要具体到每一分钟做什么事,哪个时间段必须做完什么事,只有这样的具化时间,细致管理,才能真正体现有序。在开学的第二周至第四周,是集中监督学生行为养成的关键期,而这个时间段,学生会从不知到熟知,从熟知到熟练,当然也会有违规犯错的时候,这时老师以督促和提醒为主,旨在使学生逐步养成习惯。习惯是需要一个过程的,老师只需要在过程中进行调整、纠偏和督促工作。这样,抓住常规时间和关键时间,常规管理也就开始体现效度了。

二、新生管理有效是重点

我们的管理办法要有针对性,要有实效性,而我觉得最有效的方法就是在制度的约束下,让学生养成习惯。著名教育家叶圣陶说过:教育就是养成习惯。习惯的养成对于学生来说,是受益终身的。初一新生刚进校,主要以培养学生文明守纪的行为习惯,夯实学习基础,加强教育教学常规管理为教育核心,帮助初一新生顺利地实现小学到初中的平稳过渡,常规管理注重细节，重在落实。比如刚进校，很多同学适应不了初中紧张忙碌的学习，科目增多，内容增多，相应的作业也增多了，部分同学无法按时上交作业。针对这种情况，我会先调查清楚学生为什么不交作业，再根据情况做出指导。如果个别学生确实是忘了带作业，我会私下叮嘱学生晚上睡觉前，尤其是周日的晚上，整理书包，把家里课桌上、沙发上、茶几上、床上的书、本子、文具都装到书包里。同时打电话请家长督促孩子晚上上床前装好书包，装全作业，而且要坚持至少一周。还有，个别学生记不全作业或根本不记作业，导致不知道有哪些作业。针对这种情况，我会要求他买个小笔记本或便利贴，叫他每节课下课就及时地把当堂课老师布置的作业写在笔记本上，每天上午和下午的课结束后，分两次交给我指定的一个细心的班干部检查他是否漏写，错写，如果没错，班干部就签字证明该生作业记全了，记对了。坚持一周后，就可以有效地帮助这类学生养成记作业的好习惯。我每搬进一个新教室还会买一张可粘贴在墙上的小黑板，每个科代表及时将当天的该科作业写在黑板上，放学时，学生也可以对照小黑板上的作业逐一收拾本子、练习册或卷子。一个班的作业收不齐这是一个老大难的问题，我们要想方设法地解决这个问题，尤其是刚开学时，就要定好规矩。对于保质保量且长时间按时上交作业的学生，可以给予适当的奖励，以此来激励学生继续努力。班主任一定要坚持在开学第一周的每天早上逐一了解各科作业的上交情况，才能有效地遏制住学生想偷懒不做作业的不良风气。

三、新生管理有心是保障

没有爱就没有教育，班主任是学生在校思品德教育的第一人，更是要倾心用情，这样才会让学生敞开心扉。

走进学生的心里，经常和同学谈心，了解其学习情况和原生家庭情况，以便后期有计划地开展利于学生身心发展的特色活动。在谈话的过程中理解学生的喜好，选好文艺、体育、班干部等苗子，培养学生的良好习惯，

三自教育

提高学生的自理能力。尽量发现学生除学习以外的特长，做到班级如家庭，家中无小事，事事有人做，人人是家中一分子。

走进家长的心里，逐一打电话了解每一个新生的家庭住址、学生在家的表现等基本情况，和家长交流孩子的教育方式和方法，以及初中生在家庭教育中注意事项。孩子可能不再需要更多的陪伴，告诉家长应该给予更多的肯定与鼓励，不能盲目地去和别的孩子攀比，初中学科增多了，学习难度加大了，所以对孩子不能太急躁。和家长交流家庭活动情况，和家长一起关注学生的交友待人，一定杜绝学生和不良少年来往，引导学生做一个文明有礼，善待家人和朋友的人。帮助孩子走出去能使其受到别人的欢迎，从而更阳光与美丽。

走进科任教师和学校领导的心里，及时做好特殊学生的思想工作，协调任课教师做好优生的培养和后进生转化的工作。根据学校安排，及时处理好临时性工作，圆满完成任务。

总之，要做好初中新生入校管理工作，开好班级管理这个局，我们必须要做到班级管理中的有序、有效、有心。

浅谈初中班主任工作管理
——心与心交流，共创人文和谐

初中阶段是人生的最关键阶段：身心发展、性格定性，也是思维方式日趋于成人化的转折点。这个阶段，他们对社会中的事物认知不够成熟，就似一个渴望自我独立，却又不完全独立的矛盾体，所以在这个发展的重要时期，班主任在其中起着举足轻重的作用。

班主任，顾名思义，一个班的大家长，孩子们的定心丸。在一班之中扮演着多重角色：老师——传道授业解惑也；法官——在班里发生"民事纠纷"时给他们断案；父母——在孩子们需要之时给他们送去家庭的温暖……作为一名班主任，我们就需要根据不同角色要求，去不断地转化身份。而要在这多重身份中去构建一个和谐而又积极向上的班集体，班主任的决策及思想起着决定性作用，还离不开与孩子们架起沟通的那座桥梁。

一、初建是关键

苏霍姆林斯基说："在由人的精神财富外化而来的和谐的交响曲中，最微妙、最温柔的旋律当属于人的心灵。"这句话无疑告诉我们一个教育理念：育人先育心。一个得不到情感满足的孩子，他的心灵是干燥而粗硬的；一个没有情感的班级，既没有凝聚力，也没有安全感，更谈不上发展。因此，建班伊始，满足师生及家长的情感需求尤为重要，班主任努力把班级经营成师生共同的精神家园势在必行。

（一）初建

迎接新班的第一天：报名、登记、各种资料搜集，看似繁多复杂却必

三自教育

须井然有序。第一印象很重要：教师进入教室，一声不吭声地仔细观察，看看谁会是未来三年的积极分子，对，就是那些不用老师提要求，就在那搬弄桌椅、打扫卫生的小可爱们。所以，首先我们要找出团结班里的积极分子，他们将是你未来开展工作的得力助手。接下来，再在这些积极分子中让他们去竞争上岗，择优录取班干部，班委会初始建设尤为重要，这将是未来三年班集体是否积极向上发展的大门的金钥匙。一个班良好的班风的形成，良好的学习氛围的构建，都是班干部在其中起着决定性作用。班干部设定好后，明确他们职位的职责，分到最细处，还要落到最实处。

（二）全面了解班里学生的情况

正式开学后马上开展两节节主题班会课，全班同学进行交流、畅谈，谈未来，谈理想，定下初级目标，增进同学感情。然后在一个月内进行全盘摸底、分别交流谈心：单亲家庭有多少、留守儿童有几个、家庭状况如何、有无兄弟姊妹、父母关系如何、家庭成员有无残疾或重大疾病、孩子性格如何、爱好及特长……根据孩子们的不同家庭情况、不同的性格特征、各自的兴趣爱好，来制定不同的相处模式及不同的教育教学体系，这样才能更容易走进孩子的内心，从而有利于班主任工作的开展。

（三）明确分工

对于班里的每一个成员，都要给予一定的任务，比如：每个组谁收语文作业，谁收英语作业，每个组每一科都安排一个组长，方便收作业，也方便互相监督；谁负责擦饮水机，谁负责擦书架，谁负责倒垃圾，谁又负责开、关电灯……样样都有人管，人人都有事做，让孩子们尽快认识到自己是这个班级的主人，要像爱护家一样爱护我们的班集体，要承担起家庭成员的应有的责任。有了明确的责任分工，孩子们就能找到自己的位置，为了巩固他们的责任意识，还可以把他们每个人应该承担的责任以文字的方式编辑好后打印出来，相关责任者人手一份，教室再张贴一份，他们就能各尽其职，再加上班主任的细细指点，这样班里的大事小事都有人负责，大家互相督促，这也是共同营建好我们班集体的法宝，这也会给我们班主任减轻很多负担。

二、爱是催化剂

沟通是一门艺术，更是一种技巧。很多师生矛盾，甚至师生冲突，大多是因为沟通不畅而造成的。因此，身为班主任，一定要懂得沟通之道，要学会沟通之术。在教学管理中合理地使用艺术性的沟通方式能有效地改善师生的紧张关系，更能让学生更加信任老师，从而有利于孩子的发展。而爱是沟通的桥梁，爱的力量是无穷的，它能感化万物，改变人生。一个班的孩子性格迥异，要让班集体和谐向上发展，就离不开班主任与孩子们在沟通中去爱，在爱中去沟通。

（一）做朋友

从一接新班开始，我就会告诉班里的孩子：课堂上得叫我老师，得对我言听计从，遵规守纪；而课下，还可以叫我尹妈，或者可以再叫得年轻一点，喊秀姐。孩子们也是这样做的，课下，我们会像朋友一样，谈天说地，诉说衷肠。初中阶段的孩子渴望独立而又叛逆，有的孩子在家不听父母的话，开心的事不愿与父母分享，难过的事不愿向父母诉说，回到家就进自己的小屋，学习上也不上心，或沉迷游戏，或沉迷手机，或沉迷小说。在学校，课堂上心不在焉或违反课堂纪律，课下却三五成群激情四射，给人的感觉就是来学校混日子，而不是来学习的。对于这种情况的学生，我曾经也是暴力执法，谁在什么地方，不管是犯了小错，还是惹了大事，叫到办公室就是大吼一通，总觉得只要在气势上压倒他们，他们就会有所醒悟，改过自新，可很多时候效果甚微，甚至适得其反。通过我的不断反思与不断调查，及不断总结，才发现这种简单粗暴的方法用在新时代中学生身上真的行不通。后来慢慢地总结出来，我们可以打入他们内部，深入他们的内心，急他们所急，思他们所思，以心攻心，这样他们才能接受我，喜欢我，然后他们才愿意向我敞开心扉，我才可以从不同的角度去做他们的思想工

三自教育

作，让他们心甘情愿地接受我的教育，从而从中斡旋，使他们与父母的关系慢慢缓和，在学习方面也会有好的效果。

（二）做家长

在教育学生的过程中应该以自己真挚的情感对学生进行交流。班主任就似一个大家长，当然，作为家长，最重要的是要严中有爱，爱中有严。随着科技的发展，手机已成为人们生活中的一部分，很多人没有了手机就好像失去了安全感，心神不宁。所以，这个时代的孩子也是被手机侵蚀的一代，这是这个时代普遍存在的问题，也是当代父母比较困扰的一个问题，很多孩子自控力差，为了孩子身心健康发展，我们作为家长，就要帮助他们提升自我控制能力。对于处于叛逆期的初中孩子，我们不能见着孩子使用手机就无缘无故地批评他们，也不能完全禁止他们使用手机，而要跟他们约法三章：尽量不带手机到学校，有特殊情况必须带来的，进入学校第一时间要主动放在我的办公桌里，放学再来拿。长此以往，孩子们也形成了这样的模式，我们配合得也很默契。我们要把他们当成自己的孩子一样，要耐心地给他们讲解手机使用的利弊，要合理正确地使用手机，而不要将它变成成长路上的绊脚石。自古就有"堵不如疏"的说法，在手机管理上也可以采用这个策略，因为我们杜绝的不是手机，而是不恰当使用手机的危害。对待班里的每一个孩子都应该一视同仁。不管谁犯了错，该惩罚的惩罚，该批评的批评；谁进步了或谁做了好事，也应该进行表扬。要随时观察孩子们的变化：身体上、心理上、生活上，然后尽量帮助他们解决其所遇到的每一个困难，让孩子们感受到自己生活在这个大家庭很温暖，久而久之，就会被我们得爱所感化，也会像依赖父母一样去依赖我们。这也是作为一个大家长，作为一名班主任应有的大爱。

综上所述，班主任在班级中扮演着多重角色，在班级中的分量也是举足轻重的，对于班集体的建设，我们在现有经验的基础上，还要随着时代的发展不断地探索新的教育教学模式，为伟大祖国的建设不断添砖加瓦，这样才能无愧于心，无愧于教育。

习汉字 传文韵
——如何提升小学语文识字教学的有效性

汉字是我国先民用集体智慧创造的具有典型民族特色的自源文字，也是中华文化的承载体。要传承中华文化，首先就要学习汉字，只有具备了一定的汉字辨识与解释能力，学生才能更好地理解中华文化；只有具备了一定的汉字应用能力，学生才能充分地表达自己的观点看法。因此，提升小学低年级语文识字教学质量不仅是推动小学低年级语文高效课堂构建的需要，也是传承中华文脉、发展学生文化解释与传承能力的要求。

识字教学是语文课程教学的第一步，也是语文课程教学过程中的难点问题。这一方面是因为小学阶段是学生人生发展的初级阶段，处在这一阶段的学生知识记忆方式是机械的、具体的，知识感知方式是直观的、深刻的。而汉字是一种抽象化的语文符号，是无法吸引学生学习兴趣的。另一方面是因为在现阶段的小学语文是在教学过程中，教师教学方式不当，只重结果，不重过程，并没有让学生感受到汉字识记的乐趣。因此，要想提升小学语文识字教学的有效性，就必须转变教学方式，增强学生识记汉字的兴趣。下面我将结合教学实际，将常用的识记教学方式介绍如下：

一、剖析汉字字理，化抽象为直观

汉字是古代先民从日常生活中总结抽象出来的文字符号，其字形、字义都和现实生活中的具体事物有密不可分的联系。因此，在小学低年级语文识字教学过程中，我们不妨抓住汉字与具体生活物象之间的联系，化抽

三自教育

象为直观，通过带领学生剖析汉字造字原理，强化学生对汉字字形、字义的记忆效果，帮助学生感悟中华文化的博大精深。

例如：在《亡羊补牢》一文中"牢"字的教学过程中，我先利用多媒体电子教学设备播放了亡羊补牢动画视频。然后，我问学生："同学们，动画看完了，聪明的你们可以猜出牢的意思了吗？""羊圈的意思。"学生答。"那只有羊圈才叫'牢'吗？还有哪种动物的窝也可以叫'牢'呢？"我又问。"牛。"学生答。"为什么呢？"我继续问。"因为这个字是穴宝盖下面一个牛呀？咦，为什么不是羊呢？那是不是羊圈不能叫牢呢？"学生疑惑地说道。"其实牢呢，是泛指蓄养的牲畜的圈，你们想想家里养的牲畜哪个个子最大呢？"我解释道。"牛呀，哦，这样呀！"学生答。

在这一课堂教学过程中，我将汉字教学融入了视频欣赏过程中，以形象化的方式帮助学生理解了汉字内涵，然后通过和学生一起剖析汉字造字原理，增强了识字教学的趣味性，提升了学生的汉字解读能力。

二、讲解汉字故事，营造人文课堂

汉字是世界上最古老的语言文字之一，在汉字的流传过程中发生了许许多多有趣的事。将这些历史故事融入识字教学过程中，不仅可以提升识字教学的人文性，而且可以满足学生喜欢听故事的心理需求，培养学生了解汉字文化的兴趣。

例如：在《羿射九日》一文中的"射"字教学过程中，我问学生："同学们，你们知道我国古代最伟大的教育家是谁吗？""孔子。"学生答。"那你们知道孔子他老人家曾经犯过一个很大的错误吗？"我继续问。"什么错误呀？"学生反问道。"这件事情的经过是这样的：有一天，孔子喝醉后去给学生上课，一不小心把射字和矮字的读音读反了。但是，学生都没有发现，于是这两个字的读音就以错误的方式流传下来了。"我讲道并问学生："你们觉得这个说法可信吗？""可信呀，身寸不就是矮吗？""不可信，身寸是射箭的样子。""可是，矮的里面有箭矢的矢字呀？"……

学生争辩道。

在这一课堂教学过程中，我以孔子的故事（当然故事是杜撰的）导入识字教学，让学生在对故事真实性的争论中实现了对自身知识能力的充分调动，深化了对汉字字理的认知。

三、重视书法鉴赏，培养审美意识

书法教学是汉字教学过程中不可忽视的内容。组织书法鉴赏活动不仅可以促进学生汉字书写质量的提升，提高学生的卷面工整度，而且可以深化学生对汉字形体美的认知，培养学生的审美意识。

例如：在小学低年级语文识字教学过程中，我曾以学生习字为例，组织书法鉴赏活动。在课程的开始，我问学生："同学们，你们觉得柳树应该是什么样的？""高高的。""枝条弯弯的。"……学生们纷纷说道。随后，我利用多媒体电子教学设备展示学生习字照片，并问学生们："你们觉得这些柳字写得好看吗？""不好看。"学生答。"为什么呢？"我继续问。"因为树长歪了。""因为太胖了。不像一棵树，像一排树。"……学生答。接着，我又利用多媒体电子教学设备展示楷体柳字的正确书写方法，然后引导学生对这一汉字进行鉴赏。

在这一课堂教学过程中，我以组织书法鉴赏活动的方式，帮助学生树立了汉字书写优化意识，让学生在理解字义的基础之上，形成了属于自己的个性化书写方式，培养了学生的文化审美意识。

综上所述，识字教学是一项充满挑战性的语文教学活动。要想提升小学低年级识字教学质量，就要充分了解中国汉字特点，深入研究中国汉字字理，然后将所感所得应用到识字教学之中，从根本上深化学生对汉字的认知，提升学生的汉字辨识与解读能力。

三自教育

小学语文课堂学生自主学习能力培养初探

新课程强调指出:"充分激发学生的主动意识和进取精神,倡导自主、合作、探究的学习方式。"目前小组合作学习也是我国积极倡导的有效学习方式之一。因此,作为语文教师,要培养学生自学的方法,提高小学生在语文课堂教学中自主思考的积极性,发挥学生的主动性,让其积极参与到教学活动中去。本人在教学中通过自主学习在语文教学中的应用实践,探索出几点有效的教学策略:

一、好奇与质疑是学习之源

古人云:"学起于思,思源于疑。"明代学者陈宪章也说过"学贵有疑,小疑则小进,大疑则大进。疑者,觉悟之机也,一番觉悟,一番长进"。好奇与质疑是小学生的天性,在这种天性的驱动下,很多学生会产生自主探究学习的愿望,并渴望快速解决问题,从中获取答案,疑问是探求新知的开始,也是获取新知的动力。

此时,教师要充分尊重学生的自主意愿,满足他们的学习需求。所以,在实际教学中,教师要鼓励学生大胆质疑,可以提出任何问题。学生只有在学习中善于观察、勤于思考,才能发现问题,提出问题,并进一步探究问题,继而有所创新,有所创造。因此,在语文教学中,培养学生的质疑精神是非常重要的。在实际教学中,教师要灵活运用多种教学方式,创造良好的学习氛围,改变学生被动学习、被动思考的现状,使学生在主动参与、积极合作中探究知识、开拓思维、勤于动脑、发现问题,最终提高语文素养。

学习的过程实际上是质疑解难的过程，语文教师要注重培养学生的质疑品质，为学生将来养成终身学习的习惯奠定基础。如在教《七颗钻石》这篇课文的过程中，我提出了这样的问题："小姑娘的水罐为什么有那么多的变化？最后七颗钻石为什么都升到天空中而不给小女孩留下？"我让学生围绕这几个问题展开讨论交流，探求答案。这种问题训练，使学生加深了对课文的理解，锻炼了学生的思维并迸出思维的火花，锻炼了学生的口语交际能力。再如在教《草船借箭》一课内容时，教师提问学生：如果当时没有雾的出现，诸葛亮的草船借箭计划会失败，会出现什么后果呢？假如鲁肃把诸葛亮的计划告诉了周瑜，结果会怎样？这类问题的提出，能够很好地锻炼学生的逆向思维，促进他们进行灵活思考，大胆表达自己的观点和看法，最终实现思维质量的提高。

二、创设有利于自主探究的教学情境

产生疑问是学生进行自主探究的开始，由学生自己提出一个问题比回答一个问题更为重要。例如，小学高年级语文阅读教学的目的在于使学生通过自己阅读文章，从中发现问题，提出问题，并自主解决问题，从而培养学生更高层次的阅读能力。

教育学认为：最有魅力的教学，就是使学生自己发现问题，让学生的思维与知识产生共鸣。实际教学中，我们尽量避免让学生"跟着教师的思路阅读文章，通过教师提的问题研究文章"，而应该激发学生自主思维的火花，从而真正提高他们的阅读能力。

在《太阳》一文中，教师鼓励学生进行自主探究学习，学生通过网上查阅资料和研读文章，不仅了解了太阳的特点、形态、大小以及与人类的关系，也大量拓展了相关的课外知识。教给学生一般的自学程序：初读，查阅字典学习新词，了解文章大意；细读，理清文章思路；精读，突破重点难点；回读，体会思想盛情；反馈，独立进行课后练习。这一自学程序由浅入深、由易到难，比较符合学生的学习实际，当学生熟练掌握这一自

三自教育

学程序后,就可以放手让学生自学。作为教师,要鼓励学生在研读的过程中提出疑问,引导他们自由表达和讨论,从而促进学生的个体发展。注重学生自主学习的感悟和体验。

我国著名的教育家陶行知说过:"要把教育从鸟笼中解放出来,鸟的世界是树林,而教育的世界是整个社会。"可见,语文存在于社会的方方面面,哪里有生活,哪里就有语文,要想切实提高语文教学质量,加深学生的自主体验,就必须将生活引入课堂,将课堂置于社会中。让学生通过自主探究发现社会中的问题,大胆提出问题,继而解决问题。我们要重视语文实践活动课程,定期组织学生走出教室,走进社会,走向大自然,在教《望庐山瀑布》这篇课文时,教师可以让学生根据自学程序进行学习,先初读,解决生字与生词问题,再进行细读,并联想画面,猜测诗意;然后精读,抓住诗中重点,感悟诗情;最后熟读,能背诵出来,并积累好句,做到心中有诗,随时都能拿出来用。学生通过这些步骤,能达到熟读精读,感悟至深的目的。再如:开展环境调查、模拟采访、社会采风、社区活动等,让学生在亲自实践的过程中动手动脑,用心体验。适当地增加语文活动课,能够增强学生对语文知识的全面掌握与应用能力,用其作为一种提高语文教学水平的新途径,对于培养学生的基本能力、提高他们的语文素养具有积极的推动作用。

总之,教学生学会学习,是素质教育的重要目标。自主性学习可以为学生搭建起构建知识与养成质疑精神、合作意识和勇于创新的桥梁,使学生养成良好的学习品质和人文素养。当前的课堂教学可以围绕这一目标,进一步拓展自主性学习的领域,探索多种自主性学习的模式。

注重信息技术教学细节提升信息素养

在信息技术革新的今天，信息技术课程新的基本目标更新为提高学生的信息素养，全面而又富有个性地发展学生的信息技术实践能力，努力培养学生的创新精神、创业意识和一定的人生规划能力。这就要求我在信息技术教学中，不仅要注重技能的训练，更要在教学细节中体现信息技术的素养。

信息素养表现在：对信息的获取、加工、管理、表达与交流的能力；对信息及信息活动的过程、方法、结果进行评价的能力；发表观点、交流思想、开展合作并解决学习和生活中实际问题的能力；遵守相关的伦理道德法律法规，形成与信息社会相适应的价值观和责任感。网络信息安全意识的建立，和基本防范技能的掌握。

一、在信息技术教学中，教师要注意示范性讲解、操作应准确、规范

信息技术课程的操作性很强，教师的操作习惯直接影响着学生，特别是中小学生喜爱模仿，教师的一言一行对学生起了潜移默化的作用，是学生模仿的榜样。

信息技术教师在上课时，经常会听到学生问："老师，文件要不要保存？""保存在哪？"这时不少教师会说："随便你，想保存就保存！""你就保存在桌面上吧。"有时，由于教师的准备不充分，在教学示范中也会随意命名和保存文件。学生长期在这样的情况下学习，必然会造成学习无条理性，过程不清晰，操作习惯差。

三自教育

此外，教师在讲解某些操作时，计算机术语的使用不规范。例如，把单击鼠标说成"点一下"，关闭窗口时说"点叉叉"，拖动鼠标说成"拉鼠标"，死机说成"卡了"等等，没有体现信息技术教师的专业性。

作为一名信息技术教师，平时要多加强专业知识的训练与提高。对于一些细节操作及语言表述要做到规范、准确，对学生提出的要求也要准确无误，点评学生的操作切忌随意性。

二、在信息技术教学中要结合实际，体现合理、美观

信息技术的主要任务之一是解决实际问题，老师在设计时应充分联系生活实际与学生的兴趣。例如：在讲利用 Excel 制作表格，填充单元格修饰时，教师对要填充哪里，用什么效果、什么颜色没有认真思考准备，结果是随意的选择，设置后的色彩、纹理、布局不合理，学生听后往往感到很茫然。教师应该在课前结合实际生活中的表格样式。合理设计点、线、文字、单元格、背景等的格式，给学生的操作指明方向。

三、在信息技术教学中，要利用课堂产生的问题，培养学生的创新意识

在讲 Excel 自动填充公式时，为了方便，我讲授了向下拖动的方法，之后让学生操作。有个学生问："老师，这样做好麻烦，如果有很多数据我们也这样拖啊？"我当时就想给他讲双击"+"的方法，但转念一想，如果让他们自己去找方法，主动思考，他们的积极性一定会更高。于是就将这个问题提出来，让全班六个小组合作找出方法，可以上网查询。结果，填充公式的所有方法都被他们一一找出来了。至此，不但解决了问题，而且培养了学生的创新意识和积极思考的好习惯。

四、在信息技术教学中，应关注细节，合理渗透德育思想

现代的青少年处于一个信息开放的社会。怎样才能趋利避害？怎样才能让他们遵守相关的伦理道德和法律法规，形成与信息社会相适应的价值观和责任感。这是我们每一位信息技术教师应该高度关注和思考的问题。在信息技术教学过程中，我们应该密切关注学生的操作，从小处着手，多举实例。让学生的每一次错误成为他们成长的阶梯。让学生知道信息的利弊。让学生加强自我约束，自觉遵守网络规则与法律法规，远离网络犯罪，保护自己的心理健康与生理健康。

五、在信息技术教学中，应加强网络安全、信息安全教育

在互联网络、5G网络高速发展，手机、平板电脑等网络终端多样化发展背景下，信息成为社会发展的重要战略资源。但由于国人的信息技术能力的大多数比较低，网络安全事件层出不穷。青少年网络信息安全教育成为信息技术教师义不容辞的职责。

在教学中，特别是在与互联网相关的课程中，教师应花大量时间准备，在课程中融合安全教育。通过举实例等方法，教会学生识别和防范网络上的恶意活动的方法。这些恶意活动包括但不限于网络钓鱼、垃圾邮件、僵尸网络、木马，等。通过生动的教学演示，教会学生基本的查杀毒木马等的技能，以及隐私保护等基本的网络信息安全意识。

综上所述，作为一名信息技术教师，应不断学习信息技术的理论与教学技能，充分准备每一堂课，高度关注教学中的细节，努力提升自己与学生的信息素养。

三自教育

后记

　　本书是以蒋厚文校长为首的著作者多年来教育实践探究和经验的总结，是自主教育研究与哲学思考的成果，是教育工作者秉持初心、潜心育人的真实写照。书中论及的自主教育是触及生命发展本质的教育核心话题，是值得我们每个教育者不断探索与研究的教育课题。教育改革，任重道远，自主教育，永无终点。我们将继续与诸君一起，在自主教育的路上勤耕不辍，勤研不止。

　　此书成书过程中，引用部分来自网络，因成书时间仓促，未能一一核实原著作者，敬请谅解。另外，本书虽经数番校订，仍难免挂一漏万，敬请读者与专家校正。